ウニベルシタス研究所叢書

事務組織・人事・総務からみえる

プロフェッショナル職員への道しるべ

大学の現在・過去・未来

大工原　孝　著

飛翔舎

まえがき

　世の中が殺伐としてきている。しかもこの傾向は日本に限らず世界でも共通のようで、何かに突き動かされて、分断と格差の顕在化が進行しているように見える。

　「何か」とは何か。COVID-19 いわゆる、新型コロナウイルス感染症によって、世界は岐路に立たされているものの、その出現は表面上の現象面に過ぎず、もっと根元の部分に原因があると考えている。

　「喉元過ぎれば熱さを忘れる」ではないが、人間は長い間の習性や安全安定志向によって、どうやら生きる上で大切なことを忘れてしまう傾向が従来からあるようだ。

　例えば、近現代でみれば、二度にわたる世界大戦・パンデミックと言われる感染症や、忘れた頃にやってくる大規模自然災害などが起きてしまう。

　直近のパンデミックとなると、1918 年に発生したスペイン風邪となるので、100 年間こういう世界的非常事態になることを多くの人は経験していないことになる。経験していないということは、反対に、前例となるべきお手本も存在していない。2022年に入ってからは過去の悲惨な戦争をまるで忘れたかのような、

ロシアによるウクライナへの侵略戦争に翻弄されている。

　新型コロナウイルス感染症に対しては、国によって一時的な成功例もあるものの、日本での対応は、泥縄式のその場限りの対応と言わざるを得なかった。場当たり的対応で凌げるうちはよいものの、限界を超す場面の事例を見聞してきた。新型コロナウイルス感染症に対する国の対応や安全保障策について、アタフタ感を見てしまうのは私だけであろうか。

　本書では、殺伐とした時代環境の中、日本の大学は、今後どう進めばよいのか、解を求めるための視座として、大学の現在・過去・未来の視点から論を進めていきたいと思う。

　本書は今まで筆者が書き溜めたものに大幅に加筆修正したものであり、一つの問題提起・嚆矢として、扱ってもらえれば、望外の幸せである。

2023 年　5 月

著者　大工原　孝

もくじ

5

第1章　世界の捉え方の変化と大学職員

1.1.　閉塞感の醸成と大学の責任

　我が国の多くの場面において、緊急時に場当たり的な対応になってしまうことや、他方で、世知辛い世の中で手探りの閉塞感の原因は幾つか考えることができる。例えば国と地方の制度・社会構造や仕組み・経済活動・雇用環境・国民性や風習・管理手法等に原因があると言えなくもない。

　教育分野においても問題無しとは言えないはずだし、教育、特に大学教育にその責任の一端があるように思えてならない。長く大学事務職員として勤めてきた者として、大学に問題はなかったのか、何をどうすればよかったのか、少し立ち止まって省察してみることとした。

　そもそも「大学事務職員」の定義は何なのか。大前提として、「大学」とは何か、「事務」とは何か、事務と「業務」とはどう違うのか、事務と「仕事」とは何が違うのか、「大学職員」とは何か、という根本的な問題をはらんでいる。「大学」については、第2章以降でその歴史的経緯を探っていく。「事務」については、第5章以降で事務の定義について詳述していく。「大学職員」については、第6章以降で大学職員の「現在・過去・未来」につ

いて述べていく。

　大学職員には幾つかの呼び方がある。「大学職員」「職員」「事務職員」などで、教員を含めて「教職員」などと呼ぶ。学校基本調査では大学職員をさらに事務系、技術技能系、医療系、教務系、その他に分けている。本書では主として私立大学の事務系の職員を対象として述べ、呼び方も「大学事務職員」とする。単に「職員」という場合は大学職員全体を指すことにするが、文脈によっては「大学職員」も使うこととした。

1.2.　失われた 30 年

　筆者の長い間の事務職員生活(1978 年～2019 年)と言っても、たかが 40 数年であるし、その間に「失われた 30 年」を含んでいる。以前は「空白の 20 年」と言われていたが、最近は「空白の 30 年」と言われているし、「空白」ならまだしも「失われた」とは少し厳しめの評価かと思われる。決して、何もしなかったということではなく、その時々で、大学の教職員は最善の施策をとってきたはずだし、現在でも同様のはずである。

　確かに、「失われた 30 年」のこの間に、日本の経済大国としての地位は中国に抜かれ、近い将来、インドや他の諸国に抜かれていく情勢にある。例えば、日本の労働生産性は下位に甘んじていて、OECD の調査でも図 1-1 に示すように、先進 7 か国で平均賃金は最下位である（ちなみに、平均賃金では隣国の韓国にも水をあけられている）。

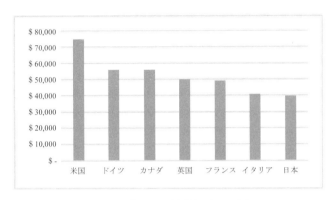

図 1-1　G7 各国の平均賃金（2021 年）

　また、世界各地では地球温暖化に原因があると言われている
熱暑・干ばつや洪水・豪雪・海水温上昇等厳しい現実に突き当
たっている。

　加えて、日本に至っては、その人口は、漸減していくし、18
歳の学齢人口も減少していく。いわゆる「日本国政府の借金」
は 1,200 兆円を超過しているから「失われた」と言われてもや
むを得ない。

　この国難とも言ってよい状況において、一定の周期で『歴史
は繰り返すことが多い』という捉え方を紹介しておこう。例え
ば、作家で「歴史探偵」を名乗った半藤一利氏の「40 年史観」
（『歴史に「何を」学ぶのか』）や、「哲学」をベースに発信して
いる山口周氏の「80 年ガラガラポン周期説」（『劣化するオッサ
ン社会の処方箋』pp.51-54）で捉えていくと、太平洋戦争の終
結（敗戦）が 1945 年であるから、次の周期は「2025 年」に迎

えることになる。2022 年（執筆時）から数年がとても大切な時期に来ているということができる。ちなみに、どう捉えても無理で無謀な太平洋戦争に突入したのが 1941 年であったことも記憶しておきたい。

　一方で、現在我々が言うところの「大学」に的を絞って時間軸でみると、ベルリン大学をモデルとした帝国大学の創立が 1877 年、敗戦後の米国教育視察団の来日が 1946 年、「大学設置基準の大綱化」が 1991 年となる。周期説をとるまでもなく、時の経過とととともに、モノの見方や時代背景を、歴史という縦糸と、世界という横糸で捉えておく必要があると思って差し支えない。

1.3.　縦糸と横糸の視点

　日本に限って言えば、一橋大学名誉教授の阿部謹也氏によると、大化の改新・明治維新・第二次世界大戦後の改革は、外圧が起因していると捉えている（阿部謹也氏『学問と「世間」』pp.112-113）。

　いろいろな捉え方はあるものの、今回の新型コロナウイルス感染症は外圧による国難と捉えても問題なさそうだし、周期説によっても安定・停滞期から改革期に入っている時期と、捉えて問題はないと思う。というより、新型コロナウイルス感染症は、多くの局面で我々に立ち止まって考える機会を与えてくれているようだ。

　そうでも思わないと、日本での非正規雇用・貧富の格差拡大
や、ウクライナ・ミャンマー・南スーダン等、世界で悲惨な状
況に置かれている多くの内外の人々に申し訳ないはずだ。非正
規雇用で言えば、雇用者数に占める非正規雇用の比率に関して
は、**図 1-2** に示すように、1984 年以降、増え続け 2000 年以降
も 30%をキープし、2021 年も 36.7%となっている。

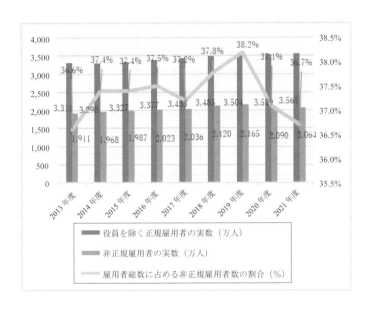

図 1-2　正規雇用者数と非正規雇用者数の割合
総務省「労働力調査」基本集計より

　モノの見方に関しては、常に次の視点・視座・視野として、
時代背景としての「歴史」という縦糸を捉えざるを得ないし、

同時に「世界」の中での日本という横糸を意識していく必要が出てこざるを得ない。歴史という縦糸と、世界という横糸で捉えると、視点や視座が常に紡ぎあってきて、問題解決の糸口を見つけやすくなるので、過去と現在を比較しながら、未来を展望したいと考えている。

さらに、次の点も意識したいと思う。

それは大学とは「社会なのか、世間なのか」、という点である。大学の組織、あるいは大学の事務組織は、どちらに属するのだろうか。仮に、大学は世間に過ぎないと捉えると世間は変えることは容易には出来ないし、社会と捉えると変革することが可能になってくる（前掲、阿部謹也氏同書 pp.111-113）。

本書は大学事務職員経験者としての目線を中心に、事務職員や大学組織を捉えていくこととする。その前提として第一に、「大学」とは何かを歴史を振り返りながら捉えないと、大学事務職員という到達点を目指せないと思っている。第二に、大学事務職員が勤めている「事務組織」の現実と実態を、大学の課題と組織やその特異な風土、それを前提にしつつ、今後のあるべき姿を模索していく。第三に、大学で働く「事務職員」にスポットをあて、今までの現状を踏まえつつ、これからの社会経済環境を踏まえて、どうしたら本当に必須な職種になり得るのかを検証していく。これらを総括しながら第8章以降では大学の中で働く事務職員の未来展望・道しるべについて触れてみたいと思う。

コラム➡世界の中での日本と、日本の大学の立ち位置

　経済成長の鈍化は、技術革新にもあらわれていて、AI（アーティフィシャル・インテリジェンス）やRPA（ロボティック・プロセス・オートメーション）、クルマの自動運転や5G（第5世代移動通信システム）でも世界の中での荒波にのまれ、米中や米英ロの覇権争いにも日本は巻き込まれそうな様相にある。

【まるで四面楚歌、今後数年で新たなフレームを作れるのか】

　八方塞がりで、何をどのようにしていったらよいか、手探り状態、どこをどのように直していけばよいのか。この他にも、ひとや環境にやさしくなく、殺伐化してしまい、メンタルヘルス、精神健康面で何か尖ってしまう風習・空気、もう少し温厚な社会、これは日本に限らないかもしれないし、世界的な傾向にあり、欧米でも現実化しつつある。

　現代の日本社会を批判だけしていても物事は始まらない。自己の省察として大学として何ができるのか、出来ないのか、大学教育に問題はなかったのだろうか、自戒・自省を含めて始めてみよう。

第 2 章　大学の様相

2.1.　日本の大学は?

　本章では、「大学」について、見ていきたい。そもそも、最近、日本の大学は「大学」と言えるのかという根源的な指摘がなされている（吉見俊哉氏『大学は何処へ』岩波新書、2021 年）。

　欧米で言うところの「大学」とは似て非なるものの、大学の原点に遡ると中世ヨーロッパの大学に辿り着くわけだし、日本の大学にはその適否は別として、学位授与権が付与されているので、私は「実態として大学はある」ことを前提に論をすすめていく。

　もっとも近年では「大学改革支援・学位授与機構」があるわけだから、大学が学位授与権を独占しているわけではない。先ずは日本と海外の「大学」の事情や歴史から見ていこう。

2.2.　大学の特質と浮世離れ

　実はかねてから、事務職員と話しをしていると、大学誕生の経緯を知らない人が意外と多い。大学の誕生を私も含めて勉強しなければと感じ、1997 年に創設された大学行政管理学会創設者の一人である村上義紀氏の掲げる参考資料をもとに、過去の

代表的な文献の幾つかにあたってみた。

　もう一つは、大学職員はいつ頃から存在したのか、という点も以前からの疑問であった。小中学校にも事務主事の方が居たが、大学となると、その人数が格段と増えて、規模が大きくなると事務室や事務局・部課という組織を構成している。まずは過去の文献を中心に大学や職員はいつ頃誕生したのかを、垣間見てみよう。

　大学というところは「アカデミック」と言われながらも、その言葉とは裏腹に意外と閉鎖的で前例踏襲の保守的な世界にあると言ってよい。これは国公私立大学を問わないし、規模の大小も問わない。

　このことは、日本列島のその先は太平洋という「島国」(地政学) にあるからか、若しくは営業利益を考慮しなくてもよい非営利組織の内部環境なのか、外からは分からない特質と言える。学内で新たな改革改善を実施する場合、かなりの抵抗勢力にあうし、大学内では競争を極力嫌う傾向にもある。

　既述したように、この大学が「世間」ならば改革は覚束ないし、「社会」ならば改革の余地が残る。受験生が集まらず入学定員もままならいという状況にならないと、教職員は自分事にできないとも言える。

　最近は、この手の赤信号のケースも増えていて、日本私立学校・振興共済事業団 (以下、「事業団」と記載) の 2022 年度「入学志願動向」では、集計した 598 大学中、入学定員充足率が 100%

に達しない大学は、284校となり47.5%に達している（ただし、規模別・地域別差異に注意することが必要である）。

　また、事業団による2020年度版「今日の私学財政」では、基本金組入前当年度収支差額がマイナスの法人は14.4%（1998年度）から37.1%（2019年度）に増加したと指摘している。しかしながら、打開策や解を探すばかりで手を拱いて新たな施策を講じていない大学も出てきてしまう。国公立はともかく、私立大学も原則、潰れにくい構造にあるから「お尻に火がつかない」と自分事にできないのかもしれない（この点について後に第4章にて詳述する）。

　環境に適応できるよう建学の精神や、大学誕生の歴史から明らかになってくる「本当に勉強したい人々が集う場所」という原点を忘れることなく、自ら変わらなければならない時機にきている。閉塞感から脱け出せるように、大学として何ができるのか、何をすべきではないのか、さらには将来に向けて事務職員としてどのように対処するのかを、歴史や先達の考え方を参考にするのは一つの方法である。歴史は、どうしたらよいかはなかなか教えてくれないが、「何をすべきでないかは教えてくれる」とも言われている。

　大学はどこに向かおうとしているのか。今、日本を含む世界は新型コロナ危機を筆頭に大きな転換期にさしかかってきているようだが、人類には、もっと危機的な時代もあったはずである。

　ユニバーシティ（ウニベルシタス）「組合」としての大学はど
うやって誕生したのか、果して歴史の中において、大学はどの
ようなスタートを切ったのか、そこで働く職員のルーツは何か
を知っておく意味は大きい。

2. 3.　大学教育の重要性

　大学誕生の経緯に入る前に大学教育の立ち位置・本旨につい
て、過去の文献から確認しておく。

　ここでは大学教育に関する先達の考え方について若干紹介し
たい。

　まず、19 世紀イングランドの神学者ジョン・ヘンリー・ニュ
ーマンは、大学論の古典として知られている『大学で何を学ぶ
か』（1852 年）[1] の中で次のように述べる。

　第一に、大学は技術や職業のために精神を訓練するのではな
く、大学の役目や本分は知性の育成にある [2]。第二に、教育は
思考のもつれをほどき、詭弁を看破し、見当違いなものを取り
除くよう教えてくれる [3]。第三に、大学は全ての学芸と学問、
ありとあらゆる歴史と哲学を大旅館のように引き取り収容する
以上のことをする [4]。第四に、大学はあらゆる知識と科学を、
事実と原則を、調査と発見を、実験と考察を保護する強力な力
である [5] と述べている。

　次に功利主義擁護者であるジョン・スチュアート・ミルは、
セント・アンドリュース大学名誉学長就任講演『大学教育につ

いて』(1867 年) [6]の中で、大学は学生を「歴史哲学」へ導く場 [7]
とした上で、次のように述べる。

　第一に、大学は職業教育の場ではない。大学の目的は有能で
教養のある人間を育成することにある。人間は一般教養教育を
受けなくても有能な弁護士になることはできるが、ものごとの
原理を追求し把握しようとする哲学的な弁護士となるためには、
一般教養教育が必要になる [8]。

　第二に、多くの学生はこの世界を自分が生まれてきたときよ
りも少しでも良いものにして、この世を去りたいという高貴な
大望を抱いている。大学は人類が蓄積してきた思想の宝庫を、
事情の許す限り次の世代へと最大限に開放するという目的のた
めに存在している [9]。

　第三に、「巨大な宇宙や人類全体を前にするとき、また、過去
の歴史と無限の未来を前にするとき、自己というものがいかに
情けないほど微小な存在であるか、もしも人生というものが自
分自身と自分の一族の暮らし向きを良くし、そして社会の階梯
をせいぜい一段か二段高く登るためにそのことごとくが費やさ
れてしまうとしたならば、人生とは何とつまらぬ無意味なもの
なのか」[10] と論述している。

　第四に学生に対して、「諸君はもし機会があるならば、人類に
知的恩恵を施す人々の中に加わるべき人々であります」[11] と述
べている。

　また日本を代表して、福澤諭吉『学問のすゝめ』(1876 年) [12]

から見てみると、

　「身に才徳を備えんとするには物事の理を知らざるべからず。物事の理を知らんとするには字を学ばざるべからず。これ即ち学問の急務なる訳なり」[13]。

　「然り而してその進歩をなせし所以の本を尋ぬれば、皆これ古人の遺物、先進の賜なり。…重ねて文明の端を開きしも、これまた古人の遺物、先進の賜と言うべし。…我輩の職務は今日この世に居り我輩の生々したる痕跡を遺して、遠くこれを後世子孫に伝うるの一事に在り。その任また重しと言うべし。豈ただ数巻の学校本を読み、商となり工となり、小吏となり、年に数百の金を得て僅かに妻子を養いもって自ら満足すべけんや。こはただ他人を害せざるのみ、他人を益する者に非ず」[14]と述べている。

　洋の東西や時間軸を問わず、大学教育や学問の大切さ、重要性について私たちは窺い知ることができる。

　何故、ここで大学教育の重要性について、触れたのかは、近年、大学進学の機会均等がはかられていない現実があるからである。日本の子どもの相対的貧困率は OECD 平均値を上回っている（ただし、内閣府の第 18 回子供の貧困対策有識者会議〈2022年 9 月 26 日開催〉資料で公開している「子供の貧困率」は、厚生労働省「国民生活基礎調査」によると、直近で 13.5％と低下。総務省「全国家計構造調査」によると、8.3％と上昇している点、ならびに「ひとり親世帯の貧困率」に注意しておくことが肝要

である）。

　いずれにせよ、「貧困の連鎖」によって、大学に進学したいのに、親の貧困や経済的理由によって進学を断念せざるを得ない層の存在である。殊に、新型コロナウイルス感染症の蔓延によって、アルバイトをしながら生活している学生の貧困度や経済的格差が顕在化しているのではなかろうか。大学教育への機会が均等に図られていない社会では新しいアイデアが生まれず多様性が出にくいし、イノベーションやベンチャー企業による起業家も生まれにくい。

　大学教育によって、直ちにこれらが改善できるものでもないが、教育は社会の礎をなしている。

　社会の発展のためにも、教育の機会均等・負の連鎖の切断・行き過ぎた格差社会の解消は未来への責務と言えよう。国の奨学金を貸与型から給付型に切り替えていくにも、財政状況から全面的に実行していくには課題が残るだろう。貧困を理由に大学進学や学業の継続を諦めるような学生を一人でも減らしていく施策として、一応、修学支援新制度があるものの、引き続き国も各大学も教育格差の是正を目指さねばならない重大な責務がある。

　グローバル経済や金融・情報資本主義が今後どう進もうと我々はこの視点を忘れてはいけないと考えている。持続化給付金詐欺が物語っている悪用され得る新型コロナウイルス感染症対策予算より、教育への投資がマクロ経済でみれば有益だと言

えるだろう。

　大学教育に関しては、日本の大学は世界へ学生を派遣するだけではなく、後述する過去の文献から明らかなように、大学の原点として、世界から学生が集まるような「魅力ある大学」になっていなければならないという別問題も抱えている。

　それでは時間軸の始まりとして大学はいつから始まったのであろうか。

2. 4.　大学の始まり

　現在の大学の始まりは 12 世紀末から 13 世紀初頭のヨーロッパにあると言われている。それでは現在の「大学」と言われている概念はそれ以前の時期には存在しなかったのだろうか。

　プラトンのアカデメイアのような高等教育機関は存在したものの、あれほど知的レベルの高かったギリシャやローマの時代にも組合（ウニベルシタス）としての「大学」は存在しなかった。たしかに、七自由学芸（セブン・リベラル・アーツ）と言われていた学問、いわゆる文法、修辞学、論理学（弁証法）の三学と、算術、幾何学、天文学、音楽の四科はそれまでの時代においても修道院学校や司教座聖堂学校で教育されていた。

　それでは何故 13 世紀初頭に突然「大学」らしきものが誕生したのであろうか。大学は誰かが創設したのであろうか、どのようにして誕生してきたのか。

　それは『大学の起源』を書いたハスキンズ（1923 年）の言う

ように徐々に「まさに自然発生した」。ハスキンズはこのことを裏付けるように、中世の大学は『有形の持物を全然』もっていなかったし、パキエ〔1529-1615。フランスの法律家〕の古いすばらしい言葉を用いて、「人びとで作られて」いて、なによりも「建物を全然持っていなかった」と述べている[15]。現在注目されているミネルバ大学も原則的にキャンパスは無いことに留意したい。

　それでは大学を自然発生させた誘因は何だったのか。

　阿部謹也（『大学論』1999）によれば、都市の誕生と共に、ヨーロッパでは1215年のラテラノ公会議で、成人男女に年一回の告解義務が決められてから「個人」概念が生まれた。そこでは、農民や職人の次男・三男坊の中には人生をいかに生きるか、初めて一人で考えるようになり、一人で一生の生活方針を立てざるを得なくなってきた。これが近代的教養人の出発点であって、こういう目覚めた人々が大学に集まってきたという視点である[16]。「考える」ようになったということは、そこに行けばもっと深く究明することができる。さらにそこで職と食を得られるならなおさらだろう。もっとも司教座聖堂学校もあったのだが、出自や収容人員から入れなかった人々が自然発生的に、教師の居る場所に集まったと推測できる。もちろんそこには建物や図書館は存在しない。

　加えてここで私達は学問の大復興に想いを起こす必要があろう。ハスキンズが「12世紀のルネッサンス」と言っているよう

に、主としてスペインのアラビア人学者を通じて、当時の人々は古代の学問を所有するようになる。

　例えば、アリストテレスの著作やギリシャの医学、新しい算術・ローマ法の本文等である。確かにローマ数字での掛算や割算は大儀そうだが、アラビア数字での計算は共感を得やすい[17]。それまでの一部の者たちの学問から、一般の人々でも興味をひくように変化したと思われる。学問の需要が生じた場合、それらをどのようにして供給していくのか、既述のように自然発生的にそういう集団が生まれたとしても不思議ではない。積極的に学んでみようとする青年と、そこには教える喜びを感ずる教師という学問的職業の誕生があったと言えよう。

2.5.　学生と教師の組合（ギルド）

　自らの知的欲求を追い求めて遠い異国の地から旅してきた人々、例えば、アルプスを越えて評判のよかったボローニャに集まった異国の青年にとって、自分一人で生命や財産を守っていくことは容易なことではなかった。

　同郷の者を頼ったり、集まったりしながら、当時流行の同業組合を模倣して二つないし四つの「学生の組合」を作り、集団としてボローニャの町の人々との交渉にあたったと言われている。それは人口増に伴う家賃の値上げに伴う交渉もあったことであろう。学生の組合は本来建物を持っていなかったから、「タウンとガウンの戦い」に代表されるように、町の人たちに集団

でその町から出て行くという脅しとしての「離町」のケースも
あり得た。時には学費分の授業をするように教師とわたりあっ
た。少なくともボローニャは「学生組合」に代表される全欧的
な学生の大学であったと言える。

　一方、パリを中心としたフランスでは、教師たちの自立的な
言動に、中世初期から学校教育を独占していた司教団は脅威を
覚え、教授免許制度 (licentia docendi) を打ち出すことによって、
教師の組合や教師たちの活動に一定の制約をかけてくる。

　この時期には都市の発展に伴い教師の需要も広まり、それま
で教師たちの自由に任せていた諸活動の中では粗悪な教師も誕
生したようだ。「教師組合」の誕生の中で、1215 年、「パリの教
師と学生のウニベルシタス」には教皇特使から規約が付与され
る。『大学の起源－ヨーロッパ中世大学史－』の著者ラシュド
ール（1895 年）によれば、当初は私的結社に過ぎなかった大学
には、1292 年、ニコラウス四世によって、パリの免状取得者に
対して「世界のあらゆる学校・大学での教授権」を認めた [18]。
いわゆる「万国教授資格」である。パリはボローニャと異なり、
教師を中心とした大学であったと言える。

　当初、組合『ギルド』として、ゆるやかに誕生した大学は、
現在の大学で言うところのユニバーシティ（ウニベルシタス）
やカレッジ（コレギウム）にいかに集約していくのであろうか。
筆者はここで「ストゥディウム・ゲネラーレ (studium generale)」
という言葉に注目したい。

2.6.　「大学」という言葉の変遷

　ストゥディウム・ゲネラーレという言葉について、ラシュドールによれば、「中世の文書類を一目みれば、ユニバーシティという言葉が、多数、複数、人の集合体を意味することは明白。…専門的な意味ならば、合法団体、法人となり、ローマ法では、たいていの場合実際上、コレギウム（collegium、カレッジ）と同義。… 最初のころは決して独立しては使われなかった。それはいつも「学生の 組合 」、「教師と学生の 組合 」、「学問 組合 」などという文句になっていた。…しかもこの言葉が中世では一般に、はっきりと、教師なり学生なり学ぶ集団をさし、そうした集団の存在した場所、あるいは、その共同の学校、を指すものではなかったことである。アカデミックな機関を抽象的に示す言葉は、ウニベルシタス (universitas) よりむしろ、ストゥデイウム (studium) であった。…ユニバーシティという漠然として不明確な英語の概念に相応する、最も近い言葉はuniversitas でなくて、ストゥディウム・ゲネラーレ (studium generale) である」[19] と述べている。

　ただし、15 世紀にはウニベルシタス（組合）はストゥディウム・ゲネラーレ（大学）と同義語になるにことに注意しておこう[20]。

　重要な点はストゥディウム・ゲネラーレは法律用語ではなく、ストゥディウム・ゲネラーレに該当するか否かは、「権威によらず、慣習・しきたり」によって決められたとされている[21]。

更にラシュドールは、ストゥディウム・ゲネラーレの特質として

①あらゆる地域から学生が参集すること
②高等諸学科（神学・法学・医学）の少なくとも一つが教えられていたこと
③その学科を少なくとも複数の教師が教えていたこと

を挙げている [22]。

その特質を持っていたボローニャやパリの母胎大学ではあったが、その後の大学内での内紛や近隣都市の野心、雇用を求める教師の増加という変化に応じて、個々の教師や学徒の全団が、母胎大学の伝統を他のところ（学校）へ移し始める。

そして母胎大学の位を僭称したり、教師の数を増やさんと先輩格の大学教師が持っていた威信をその学校でも通用させようとした。このように studium generale という言葉は徐々に広まり、特定の形の組織を指すようになっていった。そして学生と教師に与えられた任地在住義務の免除という特権が、教皇や皇帝による「万国教授資格」の認可と結びつく素地ができるようになってくると指摘している [23]。

大学は自然発生したものの、学問を修めた者への需要と供給、宗教や教皇との関係、都市や皇帝の大学に対する捉え方によって、当時の社会的環境に適合するように、その言葉も変わっていったのであろう。

2.7.　国境を越えた学生の移動と十字軍

　原初の大学に集まった学生ではあるが、13 世紀以前には国や都市を超えた人々の移動は無かったのであろうか。この時期に突如として人々の移動が始まったとは考えにくい。ピエール・リシェ（2002 年）によれば実際、11 世紀には「放浪聖職者」の問題が取り上げられ、旅する学生や教師が現れていて、学生たちは一国内に留まらず、国境も越えて移動していた、と言われている [24)]。

　国を越えての旅はそれまでも行なわれていたものの、人口の増加や都市の誕生・ラテラノ公会議の告解という環境の変化によって、その数が飛躍的に増えたのは 13 世紀と言えなくもない。国境を越えた異国の地で、同業組合を模倣して自分達を守るために団結したのは既述のとおりである。

　この時期の青年の行動特性について、ラシュドールは興味深い分析を行っている。すなわち、兄弟の多さや人口増による食料不足から、生まれた土地で生活出来ない青年たちが他の地を求めて旅に出かけ、一方は十字軍に赴き、他方は大学に向かったという分析である。ラシュドールは次のように分析する。

　「十三世紀の野心的な若者にとっては、実際のところ昇進の道は二つしかなかった。腕力と勇気を持った男には、戦争がチャンスーそのチャンスも本書が扱う時代の前半では、賤しい生まれの者には小さかったのだがーを与えていた。

　他方、ただ頭脳と精力に自信を持った少年には、大学が、教

会のあらゆる輝かしい賞品を、実際的な野望の達しうるところ
に置いていた。いやそうした賞品を別にしても、学問とアカデ
ミックな身分とは、社会的地位を保証したのである。

　ただ、時代が進み、大学が教会組織の一般的な機関と化して
数的にも増大するにつれ、アクイナスやグローステストの聴講
者を動かした、ロマンチックな動機はいよいよ背景に押しやら
れ、大学はただ、宗門における昇進の通用門となったのである
が」[25] と述べている。

　ラシュドールの言う「宗門における昇進の通用門」と化して
しまうという分析は、時の経過とともに、宗教的思惑 ― 教育が
教義に沿っているかの監視 ― や托鉢修道会の参入により（その
後の世俗権力による干渉も同様）、いつしか大学の中味が変わっ
てしまうというシャルルとヴェルジェの指摘 [26]とも重なって
くる。

　シャルルの「大学の歴史」（2009 年）によると、1217 年以降、
当時の教皇はとりわけパリ大学に対して二つの托鉢修道会を学
内に受け入れるように迫り、当初は大学から心よく受け入れら
れたものの、時間の経過と共に、修道会教師は教会上層部や教
皇の顔色ばかり窺うようになり、托鉢修道士と本来の大学人と
の対立や衝突は先鋭化してしまう、との指摘である。

2. 8.　時の経過と脆弱性

　大学は当初、動機は別にしても純粋に自ら学び、また、教え

てみようという人々の集まりであった。当初の「純粋な」理念が時間の経過とともに薄められてしまい、自ら考えることを忘れて、安易な前例踏襲に陥っていては、その後の発展が望めなくなる。

　たえざる改革・改善をしても、数年でもとに戻ってしまうということもある。ましてやそこに、不純な思惑や干渉が入った場合は特にそうである。立ち位置の根っこの部分をおろそかにしてはいけないし、私立大学の創立者の想いや寄附行為―「建学の精神」―を忘れてはならない、という視点も同様であろう。

　純粋な大学であるが故に、ほんの少し安閑としていただけで、大学は変容してしまう。大学は当時からあらゆるものを包摂してしまう、良い意味では組織の柔構造、悪い意味では立ち位置の脆弱性を内包していたようだ。

　柔軟過ぎて、他力本願で知的活動が滞ってしまったその後の大学は徐々に凋落傾向を迎える。吉見俊哉氏（2011 年）によれば [27]、16 世紀以降はダイナミズムを失い、印刷術の発達やアカデミーの隆盛により知の一大拠点の地位から滑り落ち大学は死を迎えてしまう。

　しかしプロイセンではフランスとの戦いに敗れ危機感の中に、19 世紀以降フンボルト理念 [28] に基づくベルリン大学に代表されるように蘇生し、二度誕生したという見方である。

　注目しておきたいのは、その間の大学の存廃数である。

　シャルルとヴェルジェによる「大学の歴史」では、過去に消

滅した欧州大学の実例として、「1500 年から 1790 年には欧州で 137 の大学が創立されたが、そのうち、50 大学ほどは存続できなかった」[29]、また、「1378 年までイタリアに作られた 20 大学のうち、後世まで存続できたのはその半数」であった [30]。

さらに、「1789 年ドイツには 35 大学があり、その中の、古い大学のうちの 18 大学は消滅し、16 の大学は存続した」[31]、という点である。

更なる検証が必要であるが、大学の消滅は現在の日本に始まったことではなく、安閑とし過ぎてその場で足踏みしてしまい、不断の見直しを行わずに、学習することを忘れて無為に過ごした大学は存続できなかったと言えるだろう。

教会や権力者の介入、自ら考えることを忘れた前例墨守、事なかれ主義によって、躍動感を喪失し廃止された大学があった。一方で、大学のそのような何でも呑み込んでしまう構造によって、その時々の国家や宗教の権力と対峙しながら、または利用しながら、環境に適応しながら生き続けている大学もある。そもそも大学が不必要な存在であったならば 800 年以上も存在していないとも言える。

しかし、その間、相変わらず戦争やテロが勃発しているのだから、その意味では大学の力が足りなかったかもしれない。民主主義と双子の関係にあると言われている資本主義をベースにしつつも、経済効率が第一義ではない、もっと自由で多様で多角的な議論・視点・思惟が、大学内にあってもよかったのでは

なかろうか。

　もちろん、この視点は大学にのみ必要ということではなく、有為な個人を育成する役目が知の母船と言える大学にはあるという意味である。

　大学以外でも知の継承を続けることはできる。しかし、折角、中世が大学を誕生させてくれて、長きにわたり大学は知の継承を連綿と続けているのだから、我々事務職員もその伝統を大切に守り続けなければなるまい。

　それは決して上から目線ということではなく、世間と一緒になって大学は軽挙妄動するのではなく、客観的で俯瞰的な感覚を常に持っていることが、大学の責任ではないかと筆者は考える。

2. 9.　大学職員とビデル

　さて、大学の起源という歴史の中で、私たち職員はどのように捉えられていたのであろうか。

　ハスキンズは「大学誕生の当初は、理事会もなかったし…近代的な意味での管理行政はいちじるしく欠如していた」と述べている [32]。その上で、パリ大学をその手本としたハイデルベルグ大学の設立勅許書（1386 年）を次のように引用している。「同大学を創設するに際し…次のことを許す。すなわち、すべての召使いたち、つまりベデル〔大学の事務官の一種〕、図書館員、下級職員、羊皮紙を準備する者…は教師と学生に与えられ

ている同じ特権、権利、免除および自由を享受してもよい」[33)]
と述べている。

　ここで言うところのベデルは、ラシュドールの言う、bidellus
（ビデル）とおそらく同一である。また、パリ大学 1245 年の教
養部規約に「学徒の共通の侍者」としてビデルが記載されてい
る[34)]。なお、ビデルについてはここでは詳論を避ける（詳細に
ついては村上論考[35)]の村上・大工原【対談編】～さらば 20 世
紀の大学職員よ～を参照されたい）。

　ラシュドールによると、大学の雇用者として、会計係り・公
証人・共通弁護人の他に「公ビデル」が大学団ごとに一人いた。
この公ビデルは「大学の役職の中でも、おそらくは学頭職と同
じ位、最も古いものの一つであった。それは例外なしに、どの
中世大学にも存在した」と指摘していて、この公ビデルのほか
に、教授はおのおの自分の「特別ビデル」を持っていて、教場
の管理・清掃・冬のわら敷き・書物の運搬に当たらせたと記さ
れている[36)]。このように大学誕生の当初から、ビデルは大学の
構成員として扱われていた足跡がある。

2. 10.　大学は中世の遺産

　ここまで、中世における大学の始まりについて、概観してき
た。それでは中世の時代と現在の大学では何がどう異なってい
るのだろうか。

　ラシュドールは、大学は最高度に開明されていた古代世界に

も存在しなかったし、「教授団」や「学習の課程」、「試験や学位」
は中世の直接の遺産であって、「大学の理念そのものが本質的に
中世的である」と述べている [37]。

　理念そのものが中世的だったとして、それでは学生の本性に
変化はあるのだろうか。ハスキンズは中世の学生と現代の学生
について、人間の発達における基本的要素は同じであって、人
間の本性と物理的環境が以前のまま続くのならば、「中世の学生
は現代の学生に似ていた」と述べている [38]。現在と中世ではそ
の環境は変わっているものの、人間の本性はその後の歴史を見
ても、大きく変化していない。中世は決して暗黒面ばかりでは
なく、近現代への重要な橋渡しであったと考えている。

　本章をまとめるにあたり、これらを眺めつつ、筆者の意見を
示したい。

2. 11.　自ら考え学習することの大切さ

　歴史の見方はさまざまである。後講釈なら誰でもできる。し
かし、8 世紀という知の継承の歴史を受け継ぎ、未来に向かっ
て知を継承していく役割が大学にはあるはずだ。大学が誕生し
てから 800 年を経て、欧州では studium generale（母胎大学）の
理念に通じるであろう新たな展開として、1997 年のリスボン条
約、1999 年のボローニャ宣言、エラスムス計画に端を発するエ
ラスムス・ムンドゥスや 2014 年のエラスムス・プラスの動きが
始まっている。今まで見てきた中世以降の欧州大学の廃止数か

ら見ても、「大学の消滅・廃止」が今の日本に始まったことではないことは明らかである。

　また、大学誕生と同時に実は職員という存在もあった。当時の職員の仕事は、学頭の先導役は別にして、おそらく大学事務は主として片手間で、誰でもが見よう見まねで出来てしまう内容であったと推測できる。他の中世の職人同様「盗んで仕事を覚える」というレベルかもしれない。

　実はつい最近まで日本の大学の事務職員の仕事はそういうレベルでの実例もあった。筆者もその場面に遭遇したその中の一人である。「その人」が居なくなっても仕事が実際動かなくなることはないのだが、職員の中には「この仕事は自分にしか出来ない」と、変に囲い込もうとする風土病もあるようだ。

　この風土病から脱け出すための三つのヒント(知恵)として、筆者は以前、『IDE 現代の高等教育』―大学職員像を問う― の中で、「常に考える習慣」・「コミュニケーション能力の向上」・「課題解決実現力」を挙げた（詳細は後述 IDE 569 号 2015 年 4 月号参照）。

　今まで職員は余り考えずに大学事務を処理してもどうにか務まったが、歴史を見てみると、何もしなければ大学が消滅してしまうことがあった。

　筆者も会員である大学行政管理学会の設立趣旨には、「伝統的管理運営を近代化するために職員の果すべき役割は極めて大きいのに、役割が十分に確立されておらず、職員の自覚と意欲、

資質・能力に問題なしと言えない」と述べられている。

　これからの職員は、いや職員だからこそ教育研究に関する現場感覚を常に忘れずに、自らの事務に精通することが必要である。筆者は職員が考えて行動することによって大学が変わり、大学が変わることを通じて社会も変わる、という大きな構図があると信じている。先達が言うように、歴史や哲学から知性を磨くことによって、大きな視座で言えば、戦争のない平和な未来への一助となるのではあるまいか。

　筆者は人間の本性は、過去からそれほど変化していないと思う。保身的性向から、守りに入るという選択肢もある。

　しかし、ニューマンやミルや福澤が言わんとしている「自分が生まれてきたときよりも少しは良い時代にしていきたい」という考え方を選ぶこともできる。人類に知的恩恵を施す人々に加わることも選択できる。どの道を選ぶかは問題意識を持った大学事務職員自らが決めることと言えよう。利他の心を持った人々が一人でも多くなれば、第1章で触れた世知辛くない世の中を創っていくことも可能だろう。

　大学行政管理学会は1997年に創設され歩みはじめた。その歩みは遅いものの、大学が誕生して800年のうちの20数年だから前進したと思いたい。先達や大学行政管理学会創立者たちの想いを体現できるよう、次の50年・100年に向け自ら考える事務職員人材の育成が急がれている。

　知の母船としての大学の役目は重い。歴史の中で序々に、し

かし確実に培われてきた、「教育を受ける機会均等」も国の内外で実現していかなければならない。

　そもそも、大学は「自然発生」し建物もなく「慣習」から始まったに過ぎない。大学の誕生の経緯を知らなくとも職員の仕事はつとまるが、どうにかこうにか、中世が大学を誕生させてくれた。

　大学は長きにわたり知の継承を連綿と続けているのだから、我々職員もその「本当に勉強したいという人々が集う」という原点を守り続けなければなるまい。歴史を見てくると変えてよい所と、いけない所があるようだ。

　大学は実践的な職業教育が主たる目的ではないのだから、世間と一緒になって大学は軽挙するのではなく、また決して上から目線ということでもなく、客観的な感覚やクールヘッド・ウォームハートのバランスを常に持っていることも、必要と言えよう。

　たえざる改革・改善をしても、何年かで元に戻ってしまうこともある。常に振り返り検証しながら、歴史の中で私たちは発展を続けてきて今がある。負の連鎖を切断し、教育の機会均等を確保し平和な世界を実現することが未来への責務であり、これこそ、大学の存在価値と言えよう。

　大学の在り方を常に模索し続け、過去の失敗を教訓にして卓越したバランス感覚の下、形式的ではなく実質的に、権威的ではなく理性的に、クローズではなくオープンに、厳格ではなく

寛容に、そして内向きから外向きに、大学も職員も自ら考え学
習していくことが今こそ求められている。

脚注一覧

1) J. H. ニューマン『大学で何を学ぶか』ピーター・ミルワード編、田中秀人訳、大修館書店（1983 年）

2) J. H. ニューマン　前掲　pp. 43-44

3) J. H. ニューマン　前掲　p. 124

4) J. H. ニューマン　前掲　p. 222

5) J. H. ニューマン　前掲　p. 224

6) J. S. ミル『大学教育について』竹内一誠訳、岩波文庫（2011 年）

7) J. S. ミル　前掲　p. 32

8) J. S. ミル　前掲　pp. 12-14

9) J. S. ミル　前掲　pp. 106-107

10) J. S. ミル　前掲　p. 124

11) J. S. ミル　前掲　p. 133

12) 福澤諭吉『学問のすゝめ』岩波文庫（1942 年）

13) 福澤諭吉　前掲　p. 16

14) 福澤諭吉　前掲　pp. 88-89

15) C. H. ハスキンズ　『大学の起源』青木靖三・三浦常司訳、八坂書房（2009 年）pp. 18-20

16) 阿部謹也　『大学論』日本エディタースクール出版部（1999 年）pp. 18-21

17) C. H. ハスキンズ　前掲　pp. 20-23

18) H. ラシュドール
『大学の起源―ヨーロッパ中世大学史―』（上）・（中）・（下）
横尾壮英訳、東洋館出版社（1966 年）上　p. 318。

19) H. ラシュドール前掲、上　p. 40

20) H. ラシュドール前掲、上　p. 46

21) H. ラシュドール前掲、上　p. 41

22) H. ラシュドール前掲、上　p. 41

23) H. ラシュドール前掲、中　p. 10

24) ピエール・リシェ『ヨーロッパ成立期の学校教育と教養』
岩波清太訳、知泉書館（2002 年）pp. 207-208

25) H. ラシュドール前掲、下　p. 328

26) クリストフ・シャルル/ジャック・ヴェルジェ『大学の歴史』
岡山茂/谷口清彦訳、白水社（2009 年）p. 25、pp. 29-30

27) 吉見俊哉『大学とは何か』岩波新書（2011 年）pp. 13-14、
pp. 78-80

28) フンボルト理念はそれまでとは異なり、ゼミナールや実験
室での授業等、研究中心主義、研究と教育の一体化、「孤
独と自由」を目指したと言われている。

29) シャルル・ヴェルジェ　前掲　p. 52

30) シャルル・ヴェルジェ　前掲　p. 27

31) シャルル・ヴェルジェ　前掲　p. 93

32) C. H. ハスキンズ　前掲　p. 94

33) C. H. ハスキンズ　前掲 pp. 180-182

34) H. ラシュドール　前掲、上　p. 260

35) 村上義紀・大工原孝「大学職員は、どこから来て、どこへ行くのか【対談編】〜さらば 20 世紀の大学職員よ〜」学校経理研究会（2020 年）pp. 7-8、pp. 114-115

36) H. ラシュドール　前掲、上　pp. 176-177

37) H. ラシュドール　前掲、下　pp. 341-342

38) C. H. ハスキンズ　前掲 p. 148

参考文献

・阿部謹也『大学論』日本エディタースクール出版部（1999 年）

・川添信介「専門と教養」（南川高志編『知と学びのヨーロッパ史』）ミネルヴァ書房所収（2007 年）pp. 223-246

・シャルル、ピエール/ヴェルジェ、ジャック『大学の歴史』岡山茂/谷口清彦訳、白水社（2009 年）

・大工原孝「大学職員とこれからの人事部門」『IDE 現代の高等教育』569 号（2015 年）pp. 49-53

・ニューマン、ジョン・ヘンリー『大学で何を学ぶか』ピーター・ミルワード編、田中秀人訳、大修館書店（1983 年）

・ハスキンズ、チャールズ・ホーマー『大学の起源』青木靖三・三浦常司訳、八坂書房（2009 年）

・福澤諭吉『学問のすゝめ』岩波文庫（1942 年）

・ミル、ジョン・スチュアート『大学教育について』竹内一誠訳、岩波文庫（2011 年）

・村上義紀・大工原孝『大学職員は、どこから来て、どこへ行くのか【対談編】〜さらば 20 世紀の大学職員よ〜』学校経理研究会（2020 年）。この対談編は、大学行政管理学会「大学人事」研究グループ・大学事務組織研究会　合同研究会〈2019 年 3 月 9 日開催〉、芝浦工業大学豊洲キャンパスをベースにしている。なお、村上義紀、20140621/juam 人事・組織合同研究会・慶應義塾大学三田「著書紹介」配布資料（むらかみメモ）参照。

・吉見俊哉『大学とは何か』岩波新書（2011 年）

・同『大学は何処へ ―未来への設計― 』岩波新書（2021 年）

・ラシュドール、ヘースティングズ『大学の起源 ―ヨーロッパ中世大学史― 』横尾壮英訳、東洋館出版社（1966 年）

・リシェ、ピエール『ヨーロッパ成立期の学校教育と教養』岩波清太訳、知泉書館（2002 年）

第3章 歴史の連続性と環境変化への対応

3. 1. 日本における大学の生い立ち

大学の生い立ちについて、中世のヨーロッパに遡って概観してきた。しかし、現在の日本で言われている大学がいきなり、中世から飛んできたわけではない。

中世以降、数世紀の間に印刷術の発達等により大学の地位は衰退してしまった。その経緯の中、ナポレオンに敗北を喫したプロイセン国では、国の復興のためフンボルトを中心にベルリン大学を創設している。日本で言うところの近代的な「大学」はこのベルリン大学をモデルに、明治政府は列強諸国に追い付け追越せとして、それまでの大学南校や大学東校を起点とする「帝国大学」を創設することとなった。

近代化を急ぐ明治政府にとって富国強兵・殖産興業の旗印の下、有為な官吏養成も国家の必須事項であった。近代化へ急ぐ余り急こしらえで輸入したものの、江戸時代以前の世間・感覚のまま、個が未発達の中での急発進であった（ただし、寺子屋等での教育のおかげで識字率がかなり高かったことは付言しておく必要がある）。

その後の時代背景・世相は、10年ごとの日清戦争・日露戦争

の辛勝と成功体験、第一次世界大戦への参戦、その後の日中戦争・太平洋戦争・第二次世界大戦、そして敗戦へと戦乱が続く。この間、大学関係者は急こしらえの大学で大変な努力をしたと推測することができる。次にもう少し詳しく、歴史の連続性と大学について見てみよう。

3.2.　歴史の連続性と大学

そもそも「大学とは何なのか」という根源的な問いかけの下、大学は中世型を始祖としつつも、ベルリン大学をモデルとした東京（帝国）大学の創立が 1877 年、帝国大学モデルの全国の官立である国（公）立大学への移植、その後の公私立大学への伝搬を経ている【天野郁夫『大学の誕生』（下）p. 419「帝国大学の範型」性の浸透参照】。

その後、1945 年までの期間、国内外の情勢は決して平坦な道のりとは言えず、経済的にも政治的にも国民生活においても動乱の時期であり、個としての成育のないまま、なんとか社会生活が営まれ終戦（敗戦）を迎えることになる。

その間、与えられた条件の中、対立と調整を繰り返しながら最善策を講じてきたことは容易に察しがつく。

敗戦後、占領下において、日本の民主化のため米国教育視察団の来日が 1946 年であり、大学にも新しい息吹が吹き込まれてくる。それまで個人や社会の概念が希薄だった日本であったが、外圧によってとはいえ、やっと民主主義国家のスタートライン

に立つことができるようになったと言えよう。おそらく外圧や外部環境の変化がなければ、簡単には変われない国民性なのかもしれない。

　これらは突然の出来事ではなく、歴史の連続性を否定することは出来ない。特に直近においては、その時々にやるべきことをやっているのに、その成果が出ないことも多いと感じている。これは何を意味するのか。何故、不完全燃焼になってしまうのか、歴史の連続性と思想性や哲学的視座において、特に大学職員を取り巻く人事と組織・社会的背景の視点を中心に具体的に概観したい。

3.3.　戦後の日本と
ベビーブーム・学園紛争・私学への助成

　1945年、敗戦後の日本は、180度異なる価値観の大転換によって何から手を付けていくかもさることながら、まずは食糧難を乗り越え「食うや食わず」の無我夢中の生活を送ってきた。朝鮮戦争によって経済復興に弾みがつき、その後、所得倍増政策や経済成長路線の恩恵に与ることになっていく。がむしゃらに働くことで、曲がりなりにも日々の生活をこなすことが出来た安定的な時代であった。

　右肩上がりの経済成長の時代、第一次ベビーブームとあいまって、何もせずとも学生が来てくれる有難い時代を大学は経験し、前年と同じことをしていれば足りていた時代でもあった。

ここでは急激な改革など行わなくても相応の生活をすることができたから、大学事務組織と職員においても前例踏襲していれば事は足りた牧歌的な良き時代でもあった。

　そういう時代の中、スプートニク・ショック（1957 年、ソ連による人類初の人工衛星「スプートニク 1 号」の打ち上げ成功により、米国を始めとする西側諸国が受けた衝撃感・危機意識）による教育改革の必要性が叫ばれた（詳細は、前掲『村上対談編 p. 57』参照）。

　1958 年には、米国型 SPS をベースにしたであろう大学卒職員の採用を推奨する「学徒厚生審議会答申」がなされた。それを受け、幾多の私立大学ではそれまでの慣習を改めて「大学卒」事務職員の採用によって、人員構成の多様化がはかられたことは、大学にとって大きな出来事と言ってよい。（この時期に大学卒職員の基礎を創ったと言える、孫福・村上・河原崎・田中雅幸等が採用されている。詳細は、前掲『村上対談編 pp. 60-63』参照）

　あわせて大学設置基準（1956 年制定）第 42 条の定義として厚生補導は「事務組織」でなくてもよいことにも留意しておきたい（但し、後掲、2022 年 10 月の大学設置基準改正参照）。

　その後、ベビーブーム世代の大学進学の時代に入り、1968 年〜1969 年には、日本だけではないが大学闘争・学園紛争を経験する。学園紛争時、既述した「大学卒」の事務職員の多くは、学生との対峙の最前線にたたされたと聞いている。文部行政と

して中央教育審議会では 1966 年の「四一答申」、1971 年の「四六答申」や、その後の臨時教育審議会・大学審議会の動静にも注意を要するし、学則変更が届出制から認可制へと進んでいっている。

　私立大学を見てみると、1971 年に学校法人会計基準が制定され、私立学校振興助成法による「私学助成制度」（1975 年）の始まりを迎えることになった（学校法人会計基準については、第 4 章にて詳述する）。

　これらのことから、「世界の中での日本社会」という大前提としての位置づけ、日本の中でのいろいろな試みを散見することができる。

　次に 1975 年の私学助成開始以降の「事務の道具」を思い返してみよう。

3.4.　1975 年頃から現在までの大学事務組織と職員

　あらためて、大学の「事務」という概念を問い直してみたいと思う。まずは事務の道具から見てみると、1980 年頃、大学事務室の計算の主力はソロバンであった。それから電卓が普及し、パソコン・Excel に置き換わっていった。

　書くほうは、手書きからガリ版刷り・印刷機からコピー機や複合機へ移行、和文タイプからワードプロセッサーの登場（当初は事務室に一台の専用機から、一人一台への普及）。郵便からファクシミリ (FAX) へ、さらにはパソコン・Word からのネッ

トワークを利用したメール添付へ変遷してきた。

　事務計算機については、大型汎用機からオフコンを経て一人
一台のパソコンへ、フロッピーディスクや USB を経てクラウド
の時代へ、黒電話からお弁当箱型携帯電話を経てスマートフォ
ンへ進化し、最近のスマホは一昔前のメインフレーム以上の高
機能化を遂げていて、技術革新は枚挙に暇がない。狩猟社会・
農耕社会・工業社会・情報社会に続く、Society 5.0、いわゆる
超スマート社会とも言われているし、今後も益々進化していく
ことが予想される。

　急速に進展する情報ネットワーク社会は、ビジネスの世界に
大きな変化をもたらしている。かつて、どこにでもあった事務
という仕事は、既述した情報機器やネットワークの発展に伴い
大きく変わり、事務の持つ情報が重視されるようになっていき、
大学に関して近年は IR（インスティテューショナル・リサーチ）
の時代とも言われている。今や経営情報或いは事務情報と言わ
れているし、企業などの経営戦略には欠かせない重要な経営資
源となっている。

　ただし日本の場合、技術革新に社会構造や意識が追いついて
いない状況にもあるようだ。「失われた 30 年」もそうだし、例
えば新型コロナウイルス感染症対策でのデジタル化の遅れ・DX
（デジタル・トランスフォーメーション）への取組の早い遅い
も散見されている。官公庁や企業の多くがそうであるならば、
大学発の必要人材の養成を起点に改善策を率先していく方法も

考えられる。

　IT 化の一方で、以前から行われていた伝統的事務管理（大もとの「伝統的事務観」については、後掲 5.1. 参照）がなくなってしまうかというと、そうではない。伝統的事務管理は、これまでにも状況の変化に応じ改善・改革してきたし、情報機器も導入して対応している（本書では「現代的事務観」として取り扱う、後掲 5.1. 参照）。

　今後もその点は変わりないであろうし、新旧併せて引き続き進化して行くことであろう。ここで注意すべきは、伝統的事務管理は歴史も長く、ミスや不正防止への対策・ダブルチェックも充分講じられていたが、それでも事故はあった。

　新しい情報時代の便利さ、速さなど現代社会は非常に優れているが、ネットワークを介した犯罪等、そのリスクの大きさもまた群を抜いている。情報時代の情報管理は、古い管理体制のままでは対応できないことは当然としても、近年の情報漏洩案件の重大性はその比でないことを物語っている。

　もちろん、重大な情報漏洩が発覚した場合、社会に対して記者会見等を開催し真摯に説明し、関係者に謝罪しなければならない。ここにも失敗例に学んでいく学習の必要性が生じてくる。最近の傾向として、つつみ隠したり、虚偽の回答では逃げ切れない時代に入ってきていることも、事務組織は念頭においておいたほうがよい。

　ここまで時代環境やその背景を日本の社会を中心に概観して

きた。次章では、まず、大学設置基準の大綱化以降の動きと、国公立大学・私立大学の近似性と相違性、特色について、大学の永続性の観点から見ていきたいと思う。

第 4 章　大学の永続性を前提とする
学校法人会計基準
― 私立大学が倒産しにくいわけ ―

4. 1.　大学設置基準の大綱化の動きと内部質保証

　バブル崩壊期は 1991 年から 1993 年と言われていて、その年を起点として「失われた 20 年」、最近では「30 年」と言われてきていることは第 1 章で述べた。実はその 1991 年に、大学にとって大きな出来事が起きた。大学設置基準の大綱化である。

　臨時教育審議会の考えをもとにした大学設置基準の大綱化によって、それまでの一律型の事前規制から事後チェックの多様化へとシフトチェンジした。自助努力の一つとして、自己点検評価は同年の「努力義務化」を経て、1999 年には完全に義務化された。その後も文部行政に動きがあり、自己点検評価だけでは、大学の質保証システムとしては十分ではないとして、2004年から「第三者認証評価制度」として結実していく。

　各大学とも自己点検評価報告書の作成には、多大の労力が費やされ、担当する教職員の一部には「評価疲れ」が生じ、「所詮は作文」という声も聞かれるようになった大学もあると聞く。これは、どこまで効果が上がってきたのか、「見える化」が進ん

でいない点にもあるようだ。

　大学設置基準の大綱化以降も米国的な施策は進行してきていて、AO 入試、GPA 制度、シラバス、科目ナンバリング、アクティブ・ラーニング、TA（これらの用語はインターネットで調べられるし、文部科学省 HP の「サイト内検索」でも分かる）等と対応している状況にある。

　大学設置基準の大綱化によって、それまでの一律型から多様化へシフトしていく。全大学を文部科学省の保護下に置いておく方式であった、いわゆる「護送船団方式」（下記の［注］参照）を見直し、それまでの規制を大幅に緩和し、大綱化したのだから、あとは各大学の自立的な特色に応じて自助努力に任せる、と大きく流れが変わった。この背景には国公立大学は原則潰さないし、後述する私立大学の倒産しにくい財務構造があるのかもしれない。

　［注］　護送船団は最も速度の遅い船舶に合わせて航行するところから、特定の産業において最も体力のない企業が落伍しないよう、監督官庁がその産業全体を管理・指導しながら収益・競争力を確保することを護送船団方式と呼ぶ。特に、第二次世界大戦後、金融秩序の安定を図るために行われた「金融行政」で行われ、多くの中央官庁のスタンスであり、文部省もその例外ではなかった。

　もちろん、自助努力が足りない大学は自然淘汰に任せるとい

う背景事情だと思料し得るが、次に大学の永続性を前提としている学校法人会計基準の特性についても見ておく必要があると思う。

4.2.　倒産しにくいという「以前はやった言説」

　大学関係者の間では 1980 年以降、私立大学倒産・消滅の時代が来るのでは、という論調が多かった。筆者もその一人であった。実際、どのくらいの数の私立大学が倒産・解散したかを調べてみたが、それほどではないし、数年に 1 校というレベルであった。

　当初の予想より少ないことは喜ばしいことではあるが、何故、そのような数値で収まっているのか、以前から不思議に思っていた。各大学が潰れないよう相当努力したということもあるだろう。「私立大学の財務分析」や収支構造・財務諸表から、その疑念点について筆者の見解を展開する。

4.3.　前払いで頂戴する「ありがたい学費」

　大学というところは、企業と異なり、授業料を前払いで頂戴することを生業としている。民間企業の場合、商品を開発販売したり、サービスを提供することによって、その後に代金を貰うことになるが、大学の場合は、受験生が入学検定料を納めた上に、合格者は手続きを経て、授業料や施設整備費等の学生生徒納入金（以下、「学納金」という）を前払いしてから入学して

くる。おまけに、中退しない限り、最低修業年限は在籍するわけで、その期間は安定した学納金の入金が確約される（なお、最近は中退者が漸増している点に注意しておきたい）。

このように、事前に財政収支の予測をたてることができるので、決算よりも予算制度が重要と捉えられることもできる。加えて、私立大学には、学校法人の永続性を担保するため、民間企業とは異なり次の学校法人会計基準が適用されている。「永続性の担保」については後述する。

4.4.　学校法人会計基準

学校法人会計基準には、国などからの経常費補助金の交付を受けている関係上、学校法人会計基準第 2 条に「会計原則」として、「真実性・複式簿記・明瞭性・継続性」が、明文化されている。

もっともこの会計原則は学校法人に限らず、企業でも同様であるし、補助金の原資が税金であるから、明確にしておくことが企業以上に大切と言える。企業会計と学校法人会計では、会計の目的が異なり、「企業会計」は利益を求めることを目的としているが、「学校法人会計」は利益を得ることを目的としていない。仮に、「利益らしきもの」を上げても、配当する相手（株主）が存在しない。

この他、私立大学に適用される私立学校法では、財産目録・貸借対照表・収支計算書・事業報告書の作成が義務付けられて

いる（同法第 46 条）。

　そして、国庫補助金の交付を受ける学校法人は、私立学校振興助成法第 14 条に基づき、学校法人会計基準の適用を受け、「資金収支計算書・事業活動収支計算書・貸借対照表」の作成が義務づけられている。

　ここで、注意しておきたいのは、学校法人会計基準と私立学校振興助成法・私立学校法の関係である。従来、学校法人会計基準の根拠法令は私立学校振興助成法であったが、今後は 2023 年の通常国会で審議される予定の「私立学校法」に基づく「学校法人会計基準」に位置づけられることになる。

　既に述べたように、複式簿記が採用されているので、全て財務諸表は連動することになっている。

　実はこの学校法人会計基準には一般人にとって難解な箇所がある。それは基本金組入制度であり、大学関係者にとっても分かりづらい点でもある。基本金とは企業の資本金とも異なるもので、「学校法人の諸活動を継続的に保持するために組み入れた金額」のことを指している。それでは「基本金」とは具体的に何であろうか。

コラム⇒私立学校法改正法案骨子

　【〈2022 年 5 月 20 日策定〉高等教育局私学部私学行政課による】の内容

　基本的な考え方として、【「執行と監視・監督の役割の明確化・

分離」の考え方から、理事・理事会、監事及び評議員・評議員会の権限分配を整理し、私立学校の特性に応じた形で「建設的な協働と相互けん制」を確立する】こと等が挙げられている。

4.5.　基本金とは何か

　事業活動収支計算書の「基本金組入額」は、貸借対照表の純資産にある「基本金」の合計額と複式簿記の関係から、一致することになっている。そこでの基本金には第1号から第4号までの種別があり、ここで概観してみると

第1号基本金	学校法人設立時及びその後に自己資金で教育用に取得した固定資産の金額のことを指す。
第2号基本金	学校法人が機関決定した将来の施設整備計画のもとに充てる金銭などの資産の額のことを指す。この計画通りに支出されれば第1号基本金に振り替えるものである。
第3号基本金	組入れ計画に基づき、継続的に保持し、かつ、運用された果実を研究や奨学事業に充てられる資産のことである。
第4号基本金	恒常的に保持されるべき資金繰りの、いわゆる運転資金のことである。

　これらの基本金は、貸借対照表の純資産に、「基本金の部」と

して表示されているのは既に述べたとおりである。

　国は教育の重要性から、私立学校も簡単には潰れないシステムとして扱っており、会計基準にある永続性の担保機能によって、余程のことがない限り私立学校は潰れにくい体質にあると言ってよい。だからといって、そこに安住することなく、貸借対照表の「純資産」に財務の体力のあるうちに、私立学校も自助努力の方向性から自立していく必要があると考える。この点からしても、本業である教育の中身の見直しは急務になってくる。

4.6.　「超優良組織」としての大学

　この基本金の他に、お金の支払いの生じない減価償却費が事業活動計算書の支出の部に記載される。実際に現金支出の生じないことからしても、学校法人の内部留保は基本金と合わせて超優良企業以上に可能であり、世俗的な言葉で言えば「貯め込む」ことが制度的にできる民間企業以上の「超優良組織」と言うことができる。

　ただし、その安定性ゆえに、改革への弾みがつかず、「親方日の丸」というか、安閑とし過ぎて、いつの間にか後述するように「ゆでガエル」状態に陥っていないか、常に自ら検証・分析しておかないと、取り返しのつかない状況になっていくことに留意しなければならない。

4.7.　「基本金組入前当年度収支差額」をプラスに

　私立大学では以前、消費収支（「帰属収入」から基本金組入額を控除した「消費収入」と、学校の諸活動に伴い発生する「消費支出」の差）の均衡に留意して、この部分がマイナスにならないようにしておけば、それで充分という通説的な考え方もあった。

　しかし、最近では新基準による事業活動収支差額をいかにプラスにしてくかが重要、という考え方に変化してきている。この事業活動収支差額とは、現在の「基本金組入前当年度収支差額」のことを指している。この「基本金組入前当年度収支差額」は貸借対照表の「純資産の部」合計の増減額と一致する。A大学を例に説明してみよう。

【A大学の例】

　A大学の貸借対照表では、前年に比べ25億円が増加していることが分かる。事業活動収支計算書では、事業活動収入（246

億円）から事業活動支出（221 億円）を引いた「事業活動収支差額」いわゆる「基本金組入前当年度収支差額」が 25 億円で一致する。すなわち、既述のとおり、学校法人の財務は、事業活動収支計算書によって、毎年の収支をフローとして確認し、そこがプラスになると、貸借対照表の「純資産の部」合計額に積み上げていく事によって、ストックの充実を図っていくことが可能になっている。

　複式簿記を採用しているので、この「基本金組入前当年度収支差額」の数値がマイナスだと、貸借対照表の「資産の部」を取り崩していくことになってくる。反対に、プラスにすることによって、「純資産」に積み上げていく仕組みになっている。

　大学創立以来、この貯め込み制度によって、学校法人は潤沢な「純資産」を持っている。ただ、毎年、ここから取り崩していけばいずれ枯渇することになる。

　しかしながら、既述の「基本金組入前当年度収支差額」をプラスにして、いわゆる収益を上げていけば、純資産が漸増していく上に、老朽化した建物の増改築や機器備品の取替も可能である。最近の傾向として、老朽化したキャンパスや使い古した機械装置は受験生や保護者から好まれないので、減価償却が完了するまで待つという方法もあるものの、いつの時点で改築や更新していくかがファシリティマネジメントのポイントと言えよう。

4.8.　プラスにしていく方法

　学校法人は国の文教政策として、あるいは、学校法人会計基準によって、潰れにくい構造になっていると言ってよいと思う。だからといって筆者は何もせず胡坐をかいていればいいと言っているわけではない。収支を改善することなく、純資産を取り崩していけばいずれは枯渇するのだから、単年度ごとに「プラスを積み上げていけばよい」ことになる。フローの大切さはここにある。

　ではどうしたら、収益となる基本金組入前当年度収支差額をプラスにしていくことが可能なのか。

　「基本金組入前当年度収支差額」の前提である本業の「教育活動収支」を継続的にプラスにしておくことが最優先事項である。加えて、冗費や無駄を省くことによって支出減をはかることは言うまでもなかろう。

　要は、大学の本業である教育研究、特に教育の中身・成果としての大学の評判・ブランド力を上げることによって、行きたい大学・通わせたい大学、いわゆる受験生や保護者に選ばれる大学にすることにしか、解決の方法はない。補助金や寄付金に頼るのはマネジメントの王道ではないと思う。

　純資産が枯渇する前に、教育研究活動の見直しをPDCAサイクルを用いて自分事化して果敢に進めていくことが先決だ。ゆでガエルの寓話（コラム参照）は別に記すが、安閑としているうちに危機は静かに潜行していることに気づいていない教職員

が意外と多い。気づいた時には手遅れとならないように、すぐにでも着手することをお勧めする。

　ゆでガエルにならないために、大学の本業と言ってよい教育研究のバックボーンを守りながら、理事長・学長・事務局長の強力なリーダーシップによって、自分事化に気づいた多くの教職員の協力のもと、教学マネジメントの実施が急がれる所以である。

　新型コロナウイルス感染症による影響を受けて、収支の悪化が顕在化する大学も出てくると思われる。それほど純資産が豊かではない大学はいつまで財務力を維持できるか、時間とのたたかいのところもあろう。第8章にて後述するオープンブックマネジメントの手法を用いて財務構造を「自分事化」してもらうしかない。それでも「自分事化」出来ない一部の教職員は放っておくしかないのではないだろうか。せめて改革の邪魔をしないで欲しいと言いたいところであろう。

コラム➡「ゆでガエルの寓話」と「7つの学習障害」

　ゆでガエル状態を知らない人もいるであろうから、敢えて復習すると、➡ピーター・M・センゲ「学習する組織」英治出版（2011年）枝廣淳子・小田理一郎・中小路佳代子訳【pp. 56-68】で7つの学習障害を挙げていて、その5番目に「ゆでガエルの寓話」として取りあげられている。それは【カエルは熱湯の中

にいれると、飛び上がって逃げ出すが、徐々に温められると気持ちよくて危機が迫っていることが分からず、最後は逃げ出せず茹で上がって死んでしまうという寓話】この他にセンゲは全部で7つの学習障害を挙げている。それらは、

A　私の仕事は「○○だから」

B　「悪いのはあちら」

C　先制攻撃の幻想

D　出来事への執着

E　「ゆでガエルの寓話」

F　「経験から学ぶ」という妄想

G　経営陣の神話

を指していて、8.5. で述べる「学習する組織」にも関係してくる。

4.9.　教育の中身の充実

　教育の中身の見直しとして「教学マネジメント」という方法論がある。そもそも「教学」をマネジメントすることは可能なのか、という疑念点もあるものの、本業へのチェックはどの時代のいかなる業態についても言えることである。民間企業であれば商品が時代遅れになっていないか、社会環境にあっているのかのチェックだし、一部の地方自治体では市民のニーズに適

合しているかの点検作業を行なっている。

　本章でふれた「基本金組入前当年度収支差額」・「教育活動収支差額」と、貸借対照表の「純資産」の過去 5 年～10 年分をおおよそ並べてみれば、私学法人の経営状態を可視化していくことが可能である。入学定員を確保できていない法人は特に急がなくてはならないだろう。

　新型コロナ危機によって、今まで当然の如く享受していた移動の自由や社会環境・グローバル経済が揺れ動いている。地球温暖化環境問題も「待ったなし」の状態に入っている。加えてロシアによるウクライナへの侵略戦争と貿易・物流への影響、世界的な食糧難とエネルギー安定供給、保護者の収入や学生のアルバイト先・職業・雇用条件・地域をはじめとして格差は拡大してしまい、世代間のギャップも顕在化、世界的な安定傾向は当分、もとに戻らないと考えてよさそうで、私たちへの与条件が変わってしまったと言ってよいと思う。

4.10.　ぬるま湯体質からの脱出

　過去の成功体験や遺産が邪魔になっていて、「そのうち何とかなるだろう」という甘い期待や自分や所属する大学さえよければという意識が教職員に無いだろうか。大学の内部留保を使い切る前に、教育の中身を充実させ学生が憧れる行きたい大学に生まれ変わる不断の努力が、大学・教職員自らに求められている。

第4章　大学の永続性を前提とする学校法人会計基準

　右肩上がりの経済成長の中「大学は倒産しない」という神話の世界で過ごしてきたものの、ここのところの国力の低下や人口減少期ではその神話も崩壊してきていると言えよう。内部留保を使い切る大学倒産時代がいよいよ現実化しつつあるようだ。

　これまでの私立大学が有してきた潰れにくい構造や安定安全志向は、国公立大学も同様である。どちらかと言えば、国立大学や公立大学は国や地方公共団体の後ろ盾があるから、なおさらに安定志向があり切迫感が乏しいと言えなくもない。

　大学の「範型」性から大学組織の風土や組織文化は似通ったものになったと言うことが出来る。そのような国公私立大学の中で改革改善の道筋を採っていくことは容易なことではない。日本の場合、個の独立が欧米諸国ほど成熟していないから、内向きで多様性を嫌い全会一致・ぬるま湯体質の組織文化の中で、前例に異を唱え、改革施策や業務改善を目指すことは企業でも容易なことではではあるまい。一歩進もうとしても半歩しか進まない現実もある。

　閉鎖的で内向き指向な大学組織や大学事務ではなおさらのことである。大学倒産や解雇を避けるために、旧態依然の体質から脱出し、「雇用され得る能力」を磨きつつ、プロフェッショナル大学職員への脱皮を目指し、一人ひとりの心がけによる前向きな学習と、豊かなコミュニケーション力を駆使して抜け出すしか方法はないようだ。

　いままで見てきたように、大学という組織は、大学設置基準

及び学校法人会計基準などの枠組みにより、特に「永続性」の観点から保護されているため、構造上、閉鎖的で内向き志向が強くなる傾向にあると言えよう。だからと言ってそこに甘んずることなく、歴史という縦糸と世界という横糸を常に意識しながら「大学自ら学習」していかなければならない。

次にその「大学」で遂行されているところの「大学事務」とは何かについて述べる。

コラム➡自分の大学をリサーチしてみよう

学齢人口の減少とコロナ危機で収支が悪化してしまう大学もある。その中でも入学定員を確保できない大学では、各大学ともに純資産・金融資産のデッドラインがあるはずである。

いつまで維持できるかであり、「角を矯めて牛を殺す」は最悪の戦術だが、既に時間と資金の戦いに入ってきているのも事実である。

本章の考え方を参考に、所属する学校法人の財務三表はどうなっているか〜会議資料やホームページで公開されている情報から、読者もまず直近5年程の数値をチェックし自分事化してみてはどうだろうか。

参考文献

・野田恒雄『日本の大学、崩壊か大再編か』明石書店（2016 年）

・野中郁江『私立大学の財政分析ハンドブック』大月書店（2020年）

・ピーター・M・センゲ『学習する組織』枝廣淳子・小田理一郎・中小路佳代子訳、英治出版（2011 年）

第5章　総務事務の多様性
―大学運営の基盤整備の視点より―

5.1.　大学の中の「事務」の位置付け

　大学が教育・研究活動をして行く上で、「事務」という仕事が発生する。「事務」とは何か、明確な定義はないと言われるが、島田達巳氏は、事務には二つの見方があり、一つは「伝統的事務観」、他の一つは「現代的事務観」であるという。

　前者は、「『話す』『読む』『書く』『計算する』『分類・整理する』などの作業が組み合わされた作業」である。後者は、「事務を経営管理の活動の一環として捉え、経営管理に必要な情報を提供する手段と考える。そしてコンピュータを使って情報の収集、蓄積、加工、検索、提供などの情報提供を一元管理することによって事務の高度化を計ろうとする」[1]ものと言われている。ますます、ITの進化・AIの登場によって、これからも「現代的事務観」は加速するだろう。

　事務の歴史は、紀元前にさかのぼると言われるが、その研究が行なわれるようになったのは、近年のことである。日本では、1955年代に事務管理の研究がブームとなり、官公庁・企業などで盛んに研究され改善に取り組んだ時期がある。その前後にコ

ンピュータの利用が盛んになりそれまでは手作業・ガリ版刷り・こよりであったが、事務のやり方は大きく変化した。経営情報システム、あるいは事務情報システムと言われ重要視されるようになったのは既述したとおりである。今日の企業では情報を経営戦略に生かすシステムを構築して、経営に活用することは当たり前のこととなっている。

　大学の事務組織、制度などの問題もこの時代に研究されたようだが、以後あまり進展しなかった。しかし、ようやく近年、大学における事務の重要性が見直され、関心も高くなっている。事務部門の仕事も変化しており、例えば教員任せではなく時間割編成を事務局が行う大学もある（時間割編成は教員の専売特許という大学もあったと聞く）。

　FD（ファカルティ・ディベロップメント）活動を展開していく上でも、事務局の協力がなければ円滑に進めることができないことが多くなってきている。また、研究に関連する事務・資料の収集やシンポジウムなどへの支援事務もある。これまでの事務から、最近では教員と「教職協働」して一定の教育・研究成果を引き出す事務（教職協働に至っては既に「事務」ではなく、「業務」という概念かもしれない）へと進んでいる。

　既述したように、帝国大学の「範型」性がその後の我が国の大学に、制度・規則類のみならず、組織風土・考え方まで浸透していったと考えてよいと思う。当然、教授会の位置づけや教員の優位性、教務部長や学生部長の役職は教員が独占する組織

では、事務は片手間で間に合う領域、事務職員は小間使いに過ぎず、多くは「事務は雑用」と位置づけられていた時代でもあった。

また、この時代は「事務方」という呼称にその名残りを残し、職員側でも「どうせ、所詮○○」という詠嘆調で牧歌的な事務処理で済ませていた時代でもあった。「大学経営」という言葉は毛頭あり得なかったし、「管理運営」というコトバでも辛うじてセーフ、そもそも「管理」されるという言葉は組織風土からタブー視される時代でもあった。「事務方」に代表されるような個人の職人芸で十分、「事務組織」は無くても事足りた時代でもあったと言えよう。

しかし、外部環境の変化から業務の質量とも片手間では出来ない時代に入り、事務組織のあり方や事務職員のあるべき姿が求められるようになってきたと言える。既に職員の人的資源だけでは足りず、「教職協働」・「教職学協働」へのフェーズに至っている大学もあるし、2022年の「大学設置基準の改正」に見てとれるように、文部科学省の考え方の中にも反映されていると見てよいと思う。

人間の常なのか、「組織」も「人」もそのまま放置していると曇ってしまう傾向にあるので、「官僚制の逆機能」が起きないよう常日頃から点検整備・ブラッシュアップし、「オプティミズム」【村上雅人著『不確実性の時代を元気に生きる』(海鳴社、2021年、pp. 176-178)によれば、「物事は見方や捉え方で

大きく変わるので、楽観的な見通しの大切さ」】を視座に、事務職員も前向きな「学習する組織」を目指したいものである。

5.2.　大学における 3 つの事務

ところで、大学にはどのような事務があるのであろうか。先ず

(1)　教育を行なう上で発生する事務、これは例えば、学生の入学手続、学籍簿の管理、就職指導など学生が入学し卒業するまでに要する事務である。次に

(2)　研究を行なう上で発生する事務、これは、研究助成、受託研究費の管理、研究推進など教員が研究活動を行なう上で必要な事務で、最近はその量も増えてきている。そして

(3)　大学の経営、管理運営に伴う事務である。字義どおり大学の経営・管理運営に関わる事務で、人事、財務、管財など、また、本章で述べる総務事務もここに含まれている。

その他、大学には、研究・実験施設、付属校など種々の施設・機関がありそれぞれに必要な事務がある。さらに大学の「社会貢献活動」としての事務も発生してきている。本書では上の (1)・(2)・(3) の事務に含めて考えていく。

5.3.　私立大学における組織の二重構造性

周知のように私立大学には、「組織の二重構造性」という厄介な問題がある。私立大学は学校法人によって設置されており、

法人としての重要な意思決定機関は「理事会」であるが、従前まで教学にかかわる重要事項の決定は「教授会」で行なわれていた。

　本来は教学にかかわる事項を教授会で審議すれば足りるのだが、従前は経営や管理運営に関する事項まで、教授会に諮る大学もあった。教授会と学長の関係について、2015 年 4 月の学校教育法は次のように改正された。

　【2015 年度に、教授会の位置づけと学長の権限変化について付加された】

　学校教育法第 93 条　大学に、教授会を置く。

　2　教授会は、学長が次に掲げる事項について決定を行うに当たり意見を述べるものとする。

　　一　学生の入学、卒業及び課程の修了

　　二　学位の授与

　　三　前二号に掲げるもののほか、教育研究に関する重要な事項で、教授会の意見を聴くことが必要なものとして学長が定めるもの

　3　教授会は、前項に規定するもののほか、学長及び学部長その他の教授会が置かれる組織の長（以下この項において「学長等」という。）がつかさどる教育研究に関する事項について審議し、及び学長等の求めに応じ、意見を述べることができる。

　4　教授会の組織には、准教授その他の職員を加えることが

できる。

　果たして、この学校教育法の改正によって、「組織の二重構造性」の問題は完全に霧散霧消したのだろうか。万一学長が暴走した場合、そのブレーキ役はどこが担うのか、教授会なのか、理事会なのか。「学長」に学校教育法が意図する人材が登用されれば問題はないかもしれないが、学長をどうやって決めるのか、学長と理事長が同一人のケースと、別のケースの場合の関係性等、引き続き注視していく必要がある。

　学長や理事長がその任に堪えないと判断される場合、その解任は理事会となろうが解任要件は何なのか、評議員会や教授会での解任発議権についても、日頃から検証しておかなければなるまい。性善説で規約をつくる時代はそろそろ卒業かもしれない。

　その狭間にあって、事務部門は多くの事務を行い、相当な職員を擁している。にもかかわらず、長い間事務の持つ価値は低く評価され、雑務（事務）を行なうのが事務組織という見方が続いてきた。

　しかし、前述のとおり大学事務に対する認識が変わってきている。変わってきている、というより変わらざるを得ない状況にある。SD（スタッフ・ディベロップメント）の義務化・教職協働・大学設置基準の改正を含め、職員も徐々に力をつけてきたし、職員を活用したほうが大学組織に望ましいと気づいた教員達も誕生してきている。競争社会を迎え生き残りをかけて、

事務情報の大学経営への活用、プロフェッショナル職員の育成など、さまざまな対策や工夫がなされ始めていると言ってよい。

コラム➡「教職協働」の実質化へ

大学設置基準では職員への「研修の機会等」として、以前の改正時に「第四十二条の三」として次の条文が新設されていた。

【第四十二条の三　大学は、当該大学の教育研究活動等の適切かつ効果的な運営を図るため、その職員に必要な知識及び技能を習得させ、並びにその能力及び資質を向上させるための研修（第二十五条の三に規定する研修に該当するものを除く。）の機会を設けることその他必要な取組を行うものとする。】

その後、2022年10月の大学設置基準の改正では、「組織的な研修等」として次のように改正されている。

第十一条　大学は、当該大学の教育研究活動等の適切かつ効果的な運営を図るため、その<u>教員及び事務職員等</u>に必要な知識及び技能を習得させ、並びにその能力及び資質を向上させるための研修（次項に規定する研修に該当するものを除く。）の機会を設けることその他必要な取組を行うものとする。

2　大学は、学生に対する教育の充実を図るため、当該大学の内容及び方法を改善するための組織的な研修及び研究を行うものとする。

> 3　大学は、指導補助者（教員を除く。）に対し、必要な
> 研修を行うものとする。

　今回の大学設置基準の改正では、上記の下線部から分かるように、研修の対象には教員も技術職員も入ることに注意していく必要がある（文部科学省 Q & A 参照）。また、SD がすんなり実現できる大学と、そうではなく教員と職員に溝がある大学もあり、仕組みだけつくってもそう簡単に展開していくとは難しいと思う。文部科学省が言わんとしている「教職協働の実質化」と、組織編制の具現化（後掲コラム参照）をどのように着実に進めていくかにかかっていると言える。

　SD の義務化はある意味、時代の要請であったし、その中で職員として何をどのように対処していくかが、今、問われていると言ってよい。

5.4.　基盤整備としての大学事務組織

　このように、経営組織や教学組織を支えているのが大学事務組織でもある。近年、大学では教育・研究力の向上が最優先課題となっている。教育・研究力の向上のためには、大学の安定した運営が欠かせないし、教育・研究力の向上を支える組織も不可欠である。私立大学を健全に維持、管理運営していくために、大学はさまざまな試みを実施している。

　学部と学科の新設・改組・改編・定員の見直し、カリキュラム

の改正や入試改革等、その試みは多彩である。これらの対応は、大学のトップや教員のみでできるものではなく、事務組織や職員の存在が重要な鍵を握っている。今後ますます熾烈化が予想される競争社会において、プロフェッショナル人材としての職員を採用または育成して、教育・研究力向上の基盤として、事務組織を改革することが急務であろう。

　一方、教員同士では意見調整ができずに事務職員が間に入ることによって物事が解決できるという、いわば調整機能としての事務もあるであろう。

　この半世紀、私立大学を取り巻く環境は激変しており、「十年一日」の事務処理は時代に合わなくなってきている。職員の意識改革を通じて既存事務のスタンスを変えていかなければならない。同時に教育・研究力を支える基盤として、事務組織を点検・強化・整備する必要がでてくる。職員は事務という手段をもって「教育・研究力の向上」を行っているという自負を持つべき時代に入ったと言えよう。

5.5.　大学事務組織の定義

5.2. で述べたように大学の事務は、(1) 教育を行なう上で発生する事務 (2) 研究を行なう上で発生する事務 (3) 大学の経営、管理運営に伴う事務、である。

　大学事務組織とは、「上記の事務を行うために設けられた二人以上の職員によって構成される機構・制度」ということになろ

う（バーナード Barnard C. I. による「組織」の定義参照 [2]）。

　事務組織は、大学の歴史、規模、種類などによって千差万別であるが、法人や大学本部の事務を担当する部署、学部の事務を担当する学部事務室などに分けられ、それらの部署はさらに細分化されて課や係に分けられるのが一般的である。伝統的事務組織と言えば、かつては庶務課、教務課、学生課、会計課、図書館などであったが、今日の私立大学では、複雑多岐に分かれている。複雑多岐な組織を混乱なく円滑に迅速に執行するための骨組み（規程類）が、組織の規程（組織に関する規程、組織規程などと言われる）である。

　職員一人ひとりが、どのような仕事を担当し（職務）、その仕事をどう処理するのか、誰の命令を受けるのか、それらの仕組み、手続きなどを詳細に定めたルール、規程が作られているのが一般的である。職員は通常それらを拠り所に職務を行なう。

　組織に関する規程としては、事務職組織規程・事務分掌規程・職務権限規程・事務執行マニュアル・稟議規程・会議規程等がある [3]。

　大学によって名称や内容はそれぞれ異なるが、事務組織の機構、制度はこれに類する規程で定められている。これらの規程は大学の改革変化に応じ改正することはもちろん、さらにその上、常に点検し改正、修正しなければならないのだが、長い間見直さないでおくと整合性を欠いたり、時代遅れになったりといった問題が生じてくる [4]。

5.6. 事務組織を置く法的根拠

学校教育法第92条第1項で「大学には学長、教授、准教授、助教、助手及び事務職員を置かなければならない。」と、事務職員を置くことが定められている。

しかし、「事務組織」の設置については法律で定められておらず、大学設置基準（1956年10月22日制定）にはじめてその設置が、従前は、次のように規定されていた。

(1) 大学は、その事務を処理（その後「遂行」に改正）するため、専任の職員を置く適当な事務組織を設けるものとする(以前の大学設置基準第41条)。

(2) 大学は、学生の厚生補導を行うため、専任の職員を置く適当な組織を設けるものとする（同第42条）。

大学事務組織を置く根拠はこの2箇所のみで、極めてシンプルであった（「事務を遂行するための事務組織」、「厚生補導を行うための組織」については、既述した1958年の学生厚生審議会答申との兼ね合いがあるのか。文言をそのまま読めば、学生厚生補導は「事務組織」でなくてもよいことになる。ここは、厚生補導の歴史性があるのだろうか）。

その後、文部科学省は、2022年10月1日に大学設置基準の大幅な改正に至る（コラム参照）。

コラム➡「事務組織」にかかる大学設置基準改正の内容

　2022 年 10 月 1 日の改正の主な内容は、①総則等理念規定の明確化、②教員組織・事務組織等の組織関係規定の再整理、③基幹教員、授業科目の担当、研修等に係る規定、④単位数の算定方法、⑤校地、校舎などの施設及び設備等、⑥教育課程等に係る特例制度、⑦大学設置基準のその他の改正事項、⑧大学通信教育設置基準の改正、などとなっている。このうち、②の事務組織等組織関係規定の再整理がなされている。

　従前の大学設置基準第 41 条・42 条は、2022 年 10 月 1 日から施行の大学設置基準第 7 条に『教育研究実施組織等』として次のように大幅に改正されている。文部科学省は一体的に再整理・明確化したと説明している。その立法趣旨・背景はどこにあるのかを含め、今後注意検証していく必要がある。

　第 7 条　大学は、その教育研究上の目的を達成するため、その規模並びに授与する学位の種類及び分野に応じ、必要な教員及び事務職員等からなる教育研究実施組織を編制するものとする。
　2　大学は、教育研究実施組織を編制するに当たっては、当該大学の教育研究活動等の運営が組織的かつ効果的に行われるよう、教員及び事務職員等相互の適切な役割分担の下での協働

や組織的な連携体制を確保しつつ、教育研究に係る責任の所在を明確にするものとする。

3　大学は、学生に対し、課外活動、修学、進路選択及び心身の健康に関する指導及び援助等の厚生補導を組織的に行うため、<u>専属の教員又は事務職員等を置く組織を編制するものとする</u>。

4　<u>大学は、教育研究実施組織及び前項の組織の円滑かつ効果的な業務の遂行のための支援、大学運営に係る企画立案、当該大学以外の者との連携、人事、総務、財務、広報、情報システム並びに施設及び設備の整備その他の大学運営に必要な業務を行うため、専属の教員又は事務職員等を置く組織を編制するものとする</u>。

5　大学は、当該大学及び学部等の教育上の目的に応じ、学生が卒業後自らの資質を向上させ、社会的及び職業的自立を図るために必要な能力を、教育課程の実施及び厚生補導を通じて培うことができるよう、大学内の組織間の有機的な連携を図り、適切な体制を整えるものとする。

6　大学は、教育研究水準の維持向上及び教育研究の活性化を図るため、教員の構成が特定の範囲の年齢に著しく偏ることのないよう配慮するものとする。

7　大学は、二以上の校地において教育を行う場合においては、それぞれの校地ごとに必要な教員及び事務職員等を置くものとする。なお、それぞれの校地には、当該校地における教育

> に支障のないよう、原則として基幹教員を少なくとも一人以上
> 置くものとする。ただし、その校地が隣接している場合は、こ
> の限りでない。

　今回の大学設置基準の改正では、「教職協働の実質化」のた
めであろうか、上記の 3 項・4 項で明らかなように、「専属の
教員」が明確に加わっていることに注視していきたいと思う。
また、厚生補導の組織を、「事務組織」の前の条項に位置づけ
ていることにも注視したい。「事務組織」の構成員を今までの
「職員」のみに限定していないことが明確になっている。

5.7.　私立大学事務組織の変遷と現状

　私立大学の事務組織の変遷や現状についての調査や文献はあ
まり多くない。私立大学の事務組織が整備されたのは、第二次
世界大戦後の新制大学移行時であると言われている [5]。

　矢澤西二氏は、大学事務組織について「大学の事務組織は、
（中略）これまでも大学の規模拡大や社会や時代の要請に応じ
て肥大化、輻輳し、部分的な見直しを行ってきたものの、抜本
的な改革に手をつける大学は必ずしも多くなかったし、また、
個々の大学によりその組織編成の仕方は個性的であり、まちま
ちであった」[6]と述べている。

　そこで、大学行政管理学会・事務組織研究会（当時）は、2007
年 7 月に『全国私立大学事務組織実態調査』を実施し、まずは

その実態把握に努めた[7]。

コラム➡事務組織の実態把握へ

　現在の私立大学における事務組織の実態について、大学行政管理学会・大学事務組織研究会が行った第一回実態調査（2007年6月）[7]から再度紹介してみると

(1) 事務系職員数は 100 名以上 300 名未満を擁する大学の数が最も多く約 36%であった。

(2) 組織図は 97%の大学で完備していた。

(3) プロジェクト組織は 67%の大学で設置していた。

(4) 最近 10 年間に新設された事務組織では「経営企画系」組織の新設が最も多く 16%であった。

(5) 内部監査組織は 29%の大学で設置済であり、特に 2003 年以降増加傾向にある。

(6) 大学事務と法人事務を分けている大学は 57%であった。

(7) 事務組織規程・事務分掌規程は 90%以上の大学で整備済であった。

(8) 経営企画・情報分析・戦略組織の設置は 48%の大学で設置済であった。

(9) IRO（後掲、参照）の認知度は 60%であった。

(10) 事務組織に関する歴史的資料は 47%の大学で保有していた。

　この調査から分かってきたことは、第一に、縦割りやセクシ

ョナリズムの弊害に苦慮していて、意思決定に時間がかかる大
学が多いことである。第二に、既存の事務組織ではないプロジ
ェクト組織等を活用して部署横断的に業務を展開している大学
が約 7 割あることである。第三に、戦略室・学長室・経営企画
室等の設置であり、約半数（48％）の私立大学で対応している、
などである。

　その後、大学事務組織研究会では、継続して事務組織の実態
調査を二回実施した。

　第二回の実態調査（2012 年 7 月）並びに第三回の実態調査
（2017 年 7 月）では、経年変化で比較し、大学事務組織の実情
と実態として、次の点を挙げている【同研究会編「大学事務組
織の 始動書」(2021) pp. 80-134、同「大学事務組織研究」第 6
号 (2018) pp. 145-179　参照】。

① 多くの大学で組織に関する諸規程の整備率が高くなり、事
　務組織が整備されている。

② プロジェクトチーム、研究部会、ワーキンググループなど
　の教職協働によるプロジェクト型組織が増えてきている。

③ IR、情報公表、自己点検組織の設置など、事務情報の利用
　や、新しい業務への対応が事務組織に浸透してきて
　いることが見てとれる。

④「事務職員の能力開発と SD」について、調査項目を追加し
　ている。反面、事務組織の改組・再編成の問題点として、
　「職員の能力が追いついていない点や会議が多くなった」

という回答がなされている。

⑤「トップ・マネジメント、ガバナンス体制の整備状況」が新設。ここでは、副学長、学長補佐、教職協働協議体、理事会からの権限移譲、監事機能の強化について、調査項目から実態が把握されている。

⑥ IR に関しては、過去から継続して調査しているものの、IR 機構がそれほど機能していない実態が散見されている。

第三回の調査でも、事務組織の現状について「縦割りやセクショナリズムの弊害はないか」質問したところ、他の質問項目に比べて、「ほぼあてはまらない」36.8％、「あてはまる」9.7％と他の質問項目に比べて高い数値を示している。「業務量に応じた規程や人員の見直し」も同様である【前掲 始動書 p.104】。

第一回から第三回の実態調査で分かってくることは、組織の縦割りやセクショナリズムの様相は以前と変わらずで、たゆまざる点検整備をしないと弊害が発生してしまうということで、何のための組織か自問していかないと改まらないと言えよう。

また、組織は作ったら終わりというものではなく、適切な人材を配置し実際に稼働させ PDCA サイクルに乗せる必要があり、「つくって終わり」という大学がかなり多いのではないだろうか。

社会環境の変化は大学事務組織にも否応無く影響を与えている。変化に応じて、速やかに物事を決断しなければならないこ

とも多く、大学の経営組織も変わろうとしている時代に、大学事務組織だけ今までと同じスタンスでは済まされないとも言える。この競争的環境は今までの管理手法や組織の形を変える絶好の好機と言えるだろう。

　このような『全国私立大学事務組織実態調査』によって、「事務組織を横断するようなプロジェクトチーム、検討部会、ワーキンググループなどの組織」については、設置数は、年々増加してきていることが分かってきた。大学という価値観の違う人の多い組織で、教員も含めた意見集約の方法として適していると言えよう。教職協働の典型例と言ってよいし、「必要な取組み」として、大学設置基準の改正も今後は追い風となり、プロジェクト型組織は教員だけの運行ではなく、それに応えるべく事務職員の育成もようやく図られつつあると言ってよかろう。

　こういう現状の私立大学事務組織の実情の中で、「総務事務」はどのような特性を持っているのであろうか。次に大学の「総務事務」を中心に概観してみる。

5.8.　総務事務とは何か

　日本の企業・大学・その他の組織を含めて、総務部や総務課が置かれていないところは規模を問わず稀有に等しい。総務は「縁の下の力持ち」や「他の課の所管に属さない事項」を扱う部署としてイメージされることが多いが、その具体的仕事の中身は何かとなると一概には答えにくい。

欧米には総務部（課）は無いという興味深い論稿がある[8]。それでは「総務部」のルーツはどこにあるのだろうか。それは明治時代の「大臣官房」にあるようである。当時の国策として産業育成が政府や官僚主導で進められたが、そうしたいわゆる「お役所のあり方」を模倣して「官房」ならぬ「総務部」が創られたとの見解である。一方で欧米は業務を明確にする傾向にあり、名称も総務を想起させるものは無いという見識もあり、むしろ、欧米では法務や渉外は独立した業務として位置づけられているのではという意見もある。

　ジョブ型雇用を前提とする欧米の「総務」という組織の事情を調べてみたが、確かに「総務担当者」はいるが、部署としての「総務部」はないようである。大臣官房イコール総務部と捉えてもあながち間違いとは言えないだろう[9]。戦前の大企業の総務部の中では、人事業務を行っていたようだし、私立大学の中では現在でも総務部の中に「人事課」を置いている大学もある。このように見てくると、総務部の業務から、人事や企画領域が放出され、残った領域が現在の「総務」と位置付けられる。大臣官房のルーツや「縁の下の力持ち」からイメージしても、日本独自のトップに直結した部門と言えなくもない。総務事務はその性格から多様性に富んでいる。個別、具体的に見ていこう。

5.9.　法務・渉外業務、文書管理と規程による管理

5.9.1.　法務業務

　私立大学の法務業務に関しては、第一に所轄庁への認可・届出・登記等に関する事務と、第二に訴訟事務処理に関する事務がある。

　第一の所轄庁への届出等の事務としては役員・資産総額等の変更、寄附行為変更認可申請・財務諸表・校地校舎の配置図・学校法人の事務組織図等も必要に応じて作成する必要がある。総務部員としては私立学校法や同法施行規則をはじめ関係法令を熟知している必要がある。

　第二の訴訟関連業務としては学校法人が原告になるケースと被告になるケースがある。学校法人が訴えるケースは稀有であるから、訴えられるケースについて述べてみよう。

　コンプライアンスと法令順守はイコールではない。大学は法令を順守することはもちろん、社会的責任を追及されないように、社会から求められている法令等の規範・道徳・常識・事実たる慣習等を前提として運営されなければならない。「大学の常識は世間の非常識、世間の常識は大学の非常識」という言葉をよく耳にする。社会にも目を開き、総務部員としては法的紛争に陥らぬように常日頃から注意して、組織の水際で押さえることが大切である。「このケースをこのまま放置しておくと、相手方は訴訟も辞さないだろう。今のうちに役員・部課長と相談しておこう」というレベルまで到達できれば総務部員としては合

格である。「初期消火」・「初動捜査」という言葉がある。最初の事務対応が芳しくないと法的紛争になりかねない。この手の問題は自部署内で内密に処理しておきたい、という自己防衛の意識が働くケースが特に大学では多い。他の部署が気軽に相談に来れるような「開かれた総務」を作っておくことも必要である。

次に、万一、学校法人が訴えられた場合は、顧問弁護士等の法律専門家と協議して、速やかな法的対応をしなければならない。弁護士と打ち合わせる場合は、弁護士は大学内の諸事情に必ずしも明るくないので、教育・研究事情を踏まえた論点・事実を明確にした上で、弁護士に客観的な情報を提供する必要がある。打ち合わせに際しては、必要最低限の法的知識を蓄えておくことも大切である。

5.9.2. 渉外業務

大学の社会的活動に伴い外部との折衝事項が発生する。例えば、官公庁や県・市、所轄の警察署・消防署等や地元自治会との関係である。大学の地域貢献として、今後は大学の「若い力」を期待して地元からの依頼や連携も重要になってくる。これらの諸団体とも日頃から友好な関係を築いておかなければならない。反対に、地元との友好な関係から、思わず大学施策に関する斬新なアイデアが出てくることもあるはずだ。渉外関係業務こそ「縁の下の力持ち」業務と言える。

さらには、総務課等の「事務分掌規程」の中にある「その他

各課の所管に属さない事項」も注意しておく必要がある。新たな境界領域業務が発生すると他部門から「自分のところではない」と、総務に「押し付けられる」ケースが出てくる。セクショナリズムの弊害と言えるし、自分に火の粉がかからないようにする傾向が大学は強いけれども、他部署の上長から主張されても「それは出来ません」と、毅然とした態度で臨みたいものである。その上で、上長と相談しながら、総務は業務の交通整理をする部門であるから、その業務の性質・人員構成・時間的制約・管理手法等 5W2H（いつ、どこで、だれが、なにを、なぜ、どうやって、と How much「いくら」を含む）を勘案しながら、組織として最適な部門に業務を再配置することが大切である。

5.9.3　文書管理業務

　文書管理のノウハウについては、以前の日本私立大学連盟編の「私立大学入門」[10]・「私立大学のマネジメント」[11]に詳しく書かれているので、ここでは文書管理の基本的な考え方について述べることに留める。

　第一に、文書管理の基本は、まず「捨てること」から始まると見てよい。やみ雲に捨てよと言っているわけではない。文書保存規程に基づく廃棄が総務としては必須なのである（通常、「文書保存規程」に明示されているが、内容の重要性によって廃棄してはならない文書があることにも注意）。

文書は日時の経過と共に増える一方であり、意識的に廃棄していかなければ際限なく増えていく。職員の特性であろうか、文書を手元に置いておきたいという欲求もある。管理職の中に後述する「文書主義」を曲解していたり、「聞いていない」と執拗に主張された場合を考えて、本来不必要な文書を残してしまうといった具合である。もちろん、重要な案件については、「報・連・相」を意識して、その要点をメモし、上長に報告する必要がある。

　日頃から、文書の重要度はどの程度かといった問題意識を持ちながら文書に接することが大切である。漠然と「過去の慣例」を拠り所に文書を機械的に処理しないよう留意する必要がある。文書は情報の宝庫でもある。

　「現場に神が宿る」と言われている。総務に限らず、教務でも図書館でも同様だが、現場で得られた感覚を大切にしたい。ものごとの本質は全て現場にあるのではないかと思っている。

　文書の現場担当者は、無味乾燥な単なる文書処理と考えずに、創造的な楽しい仕事と心がける必要がある。ここまで到達できれば、「捨てること」の大切さが理解され、文書管理の醍醐味が出てくるはずである。また職員は「情報中毒症」に陥らないように注意しなければならないことは言うまでもない¹²⁾。

　次に、「調べたいときにすぐ検索できるようにしておく」ことである。最近は、スマートフォンで直ぐに字句を調べることができるが、体系的な資料にあたりたいことも事務の遂行上発生

してくる。前述した「文書量」の総枠を縮減しながら、機能的なファイリングシステムを作っておく必要がある。現代社会はIT や DX（デジタル・トランスフォーメーション）の利用が進んでいるが、まず事務管理の手法としての「文書整理」術を学んでおくことが大切である。

　また、IT 化の波は「電子文書」への流れを加速化しており、避けて通れない課題ともなっている。技術の進歩を多角的に見極め、使い勝手や秘密保持などを考慮しながら導入を検証していく必要がある。デジタルよりアナログのほうが安全という面もあるので注意を要する点でもある。

　第二に「文書作成」のテクニックについて、『月刊総務』付録に次のキーワードが掲載されていた [13]。それは頭文字で「**セ・ワ・カ・ケ・ロ**」であるという。「**正確に**」「**わ**かりやすく」「**簡潔に**」「**欠**礼のないよう」「**ロ**スなく」作成することである。前三者は当然として、礼を失したり、作成に時間をかけ過ぎないということである。これは公文書・議事録・報告書等すべてに通ずる指針と言ってよい。

　第三に、公印管理の重要性である。日本はいまだ「ハンコ文化」のところもある。ハンコ文化も早晩無くなる可能性が大きいが、未だに重要な公文書には公印の押捺が求められることもある。

　IT の進化と新型コロナウイルス感染症により、印鑑の廃止や電子決済が進んでいるものの、反面 IT 化によって、偽造・デー

タ改ざんも悪質化するので、さらに注意は必要と言える。決裁に基づきどうしても公文書に代表者印・大学印を押す場合が生じてくるケースも残っている。

　公印が押捺されたことにより、大学が重大な岐路に立たされることを念頭におき、重要文書はその控えをとるほか、公印押捺管理簿による厳正な管理を行う必要がある。また業務終了後には公印を金庫に保管することは言うまでもないが、いまだに出来ていないケースも一部で散見する。

5.9.4　規程による管理

　大学における管理運営業務は主に規程によって遂行されている。職員は寄附行為、学則はもとより各規程に精通し、規程に基づき事務対応しなければならない。事務を遂行するうえで、何故、規程によらなければならないかは情実による運営を避けるためである。例えば、同一依頼案件で、A 教授に YES を出して、B 教授には NO を出すといったことは許されない。規程は職員にとって客観的に役立つ後ろ盾とも言えるだろう。

　しかしながらここで気をつけなければならないことは、「規程万能主義に陥らないこと」である。規程を作成する段階では情報を幅広く集めて、社会環境や他大学の動向も勘案しながら制定したとしても、制定した規程が陳腐化してしまうケースも出てくる。

　この場合はその規程が制定された客観的立法趣旨（沿革）を

参考に、緩やかな解釈に努めたり、文理解釈（規程の文字や文章を重視する解釈方法）だけではなく、体系的解釈（他の条文や他の規程との体系・論理性を勘案する解釈方法）を採ることができる。

その時代の要請や社会環境の変化に合った運用を心がける必要がある。解釈ではカバーしきれない場合は、規程を改正することなる。

往々にして職員は「規程に書いてあるからできない」と教員等に言い切るケースも散見される。これからのプロフェッショナル職員に要求されることは、その要望が大学にとって是非実現しなければならないことならば、先に述べた解釈方法を駆使することになる。別途、規程を改正してフレキシブルに事務処理をしていく場合には、規程の客観的立法趣旨を逸脱せず、規範の全体系に抵触しない範囲で行うことを心掛ける必要も出てくる。

5.10.　秘書業務、会議・催事管理
5.10.1.　秘書業務
日本の秘書は役員の接待が中心で、秘書として採用されるとその日から秘書になれる。この点が外国との大きな違いであるという指摘がある [14]。この点はジョブ型雇用と日本型雇用（メンバーシップ型）の相違と言えなくもない。

秘書として気をつけなければならないことは、自身はあくま

でも「秘書」であって、「役員」ではないことを自覚することである。トップである役員のところには想像以上に情報や文書が集まり、一件ずつ処理していくには多大の労力を要する。役員一人でその業務をこなすことは難しく、有能な秘書がブレーンとなって対応する必要も出てくる。

　また、多角的な人材育成の観点から秘書業務の在任期間はできるだけ短期間とし、かつ職員として自分を客観的に観察できる「自己の解放と客体化」ができることがポイントとなってくる。

　在任期間が長くなると、人によっては謙虚さが無くなり自分を通さないと、役員に伝えることさえ出来ないケースも出てくるからである。事務組織の形態から見ていくと、今までの世話係の「秘書課」からブレーン型の「学長室」に軸足が移行している最近の傾向もある。当然、職務内容も従前の「日本型」秘書からの脱却が急がれ、政策ブレーンとしてのジョブ型雇用を前提とする活躍が期待されている面も出てこよう。

5. 10. 2.　会議管理

　大学には理事会・教授会・学校会議・委員会等多種多様な会議体がある。会議管理の心構えについて述べてみよう。

　まず会議の時間管理である。法人役員、役職教職員は日常業務や教育・研究に忙殺されているので、会議時間の費用対効果を考える必要がある。必要不可欠な会議は別として、成果の少

ない会議のために、要職者の時間を犠牲にしてはならない。

　要職者は当日に会議が重複する場合もあるので、会議通知には会議終了予定時間を明示するように心がけたい。民間企業には「二・三・九の原則」があるとの指摘がある [15]。それによると、「二時間以上の会議を開かない」、「三人以上離席したら会議を中止する」、そして「九人までの会議は開催するが十人以上の会議は開催しない」という意味で「二・三・九の原則」であるという。また、企業によっては、長時間会議を避けるために、立ったままの会議をするところもあると聞く。

　つぎに会議の形態について述べてみる。会議には、重要な方針を決める会議、多角的・建設的な意見を出し合う創造的な会議、手続上開催が義務付けられている会議、単なる報告・連絡会議等がある。IT の活用により、少なくとも報告・連絡会議はネット上の会議にすることが望ましい。顔が見えないことに不安を覚える人がいるかもしれないが、その不安面と時間の浪費という費用対効果・会議出席のための旅費等を比較考量し、最良の方法を選ぶ必要がある。

　新型コロナウイルス感染症による変化としては、オンラインでできる会議と、対面が重要視される会議も出てくる。後者に関しては、フェイス・トゥ・フェイスで対論することが望ましく建設的な意見を出し合う創造的な会議等であろう。

　コロナ禍でのオンライン会議では、メンバーがパソコンの前に「そこにいるか」によって成果を判断する管理職もいると聞

く。管理職になったら、こういう「イルカ族」（後述）にならないことはもちろん、いわゆる「妖精さん（働かない影の薄い中高年男性従業員）」にもならないよう自己研鑽に努めなければならない。

また、会議上程案件の精査も必要となってくる。大学というところは会議がかなり多いし、どちらかと言えば会議好きで、内向き志向と前例重視から「なんでも会議にかける主義」が横行している。

会議上程内規等が整備されていない場合はこの「なんでも会議にかける主義」が蔓延してしまう。総務が会議主管部署の場合は当該会議体の設置目的から必要性を判断し、会議の必要性がないと判断される場合は、所管部署から提出された会議案件を稟議案件に振り替える提案等をしておくとよいだろう。

アリバイ作りのための会議なら開催は不要だし、不必要な議案を大切な会議にかけてはならない。会議から得られる成果とその効果について、日頃から自己点検評価しておく必要がある。このことは後述するコピー業務削減にもつながる。

さらに、総務としては、会議資料の「総量抑制方針」を役員に提案したほうがよい。さきほどの「なんでも会議にかける主義」は自己の責任回避と、安全策からすべての資料を会議用にコピーする場合がある。そこで例えば「会議資料は A4 二枚まで」と決定し、数十枚にわたる資料を「せめて二枚に」纏めるよう役員と相談しながら進めてみてはどうか。

　この手の問題こそ、トップダウンでなければ進展しないだろう。一部の先進的な大学ではペーパーレス化が進んでいるであろうが、いまだに会議資料重視型の前例踏襲の大学もあるだろう。数年前から地球環境問題も指摘されている折、紙資源の節約にもなるし、膨大な資料をコンパクトに纏める能力が事務職員に要求される領域でもあり、後述する第 9 章のプロフェッショナル職員にとって要求される資質と言える。

5. 10. 3.　催事管理

　入学式・卒業式・保護者会等、大学には例年行事としての催事が多い。この他に臨時の創立周年行事も入ってくる。催事のポイントは段取り次第と言える。会場の選定・下見に始まり、参加予定者数の予測、案内状の発送、時間配分、経費見積り、会場設営、警備安全体制（ここ数年では新型コロナ感染症安全対策を含む）、誘導方法、警察・消防・最寄り駅への事前連携、音響・照明設備の確認、緊急避難経路の確認、撤収等の事後業務、招待者への御礼等、すべては「段取り次第」と言える。5W2H を念頭に置き段取りしておこう。

　特に注意を要するのは、役割分担の明確化と小単位の現場責任者に主体性を持たせる現場主義の採用である。「係員だから仕方なく持ち場を対応しよう」ということではなく、「自ら率先して自分達の業務を遂行していこう」という自分事化する意識を持ってもらうことが肝要である。現場主義を採用しつつも、万

一、重大な事態が発生した場合は実施本部への「報・連・相」システムを併用しておくことも大切なことである。

　ここまで述べてきた総務の業務には、この他、現業業務としての清掃・警備業務、電話交換、自動車運転業務や労務業務、大学によっては施設設備保守業務、事業団の社会保険業務もある。これらの業務の多くは業務委託・デジタル化・コンサルティング・人材派遣を含み、アウトソーシングされている傾向にある。

コラム＝アウトソーシングへの時代的流れ

　最近では、現業業務に限らず、多くの管理業務でも、組織内処理からアウトソーシングされるケースも増えている。BPO（ビジネス・プロセス・アウトソーシング）は活用されてきているし、DX や RPA の動きに注視しながら、アウトソーシングの採否を決めていく必要がある。ただし、なんでもかんでもデジタル化が秀でているというわけでもなく、アナログ情報が優れている面もあるし、最後は人間が判断するという面を忘れてはいけない。最も避けたいのは、新しい業務が発生した場合、そのままアウトソーシングしてしまう「丸投げ」である。まず自分でやれることは行い、どうしてもアウトソーシングにお願いする部分のみ外注するスタンスが重要である。従来の事務職員にはそういう「丸投げ」してしまう人も多かったのも事実であった。

　アウトソーシングは当初、定型業務をより安いコストに切り替えるコスト対策が中心であったが、近年は内部に無い高い知識や技能を外部から調達する形にシフトしつつある。企業等では、今まで外部に開示されなかった給与計算や経理事務、人事の採用面接までアウトソーシングしている事例も多いようだ。

　しかし、アウトソーシングは万能ではない。環境条件によって適・不適を情報の秘匿性やコストを踏まえて経営層や管理職が判断しなければならない。業務分析を通じて外部に出せる業務を洗い出した上で分類し、それまで専任職員が行なっていた業務をアウトソーシングし、専任職員が本来行なわなければならない業務へ特化させるようにする必要もある。

　アウトソーシングでは、価格面・品質面・納期面でトラブルが発生することが多いので、トラブルを予測して回避することがもちろん大切であり、重要なことは、これらを契約書で事前に取り決めておく必要がある。機密保持の特約も相手方と交わしておけば、アウトソーシングすることによって秘密保持ができなくなる、という否定的な建前論を排除することが可能になる。

　また、アウトソーシングの経費は人件費の削減に寄与するが、反面経費増に繋がってくるので「隠れ人件費」問題として注意を要する点でもある。さらに、同一労働同一賃金・非正規雇用からの無期転換ルールについても、重ねて注意しておく必要も出てくる。

ここまで、総務事務の多様性から、「組織」と「手法」は分かったとして、次に、それを具体的に動かしていく「人」について言及してみよう。過去から哲学者が悩んできたように、実はこの「人」が一番難しくて厄介である。「大学事務職員はどうあるべきか」、というものの「あるべき」は存在するのか、「人事のあるべき姿」とは言われるものの、「あるべき姿」とは、そもそも存在するのだろうか、という問いかけである。

脚注一覧

1) 島田達巳『事務管理論』創成社（1998 年）pp. 1-36

2) 金井壽宏『経営組織』日本経済新聞社・日経文庫（1999 年）
　　p. 18、大槻博司・高橋正泰編『経営組織』学文社（2003 年）
　　pp. 18-19

3) 大工原孝「大学事務組織の研究―序説・その必要性」『大学
　　行政管理学会誌』No.10（2007 年）p. 81

　(1) 事務組織図―事務組織の構造を図表化したもので、一見
　　　して組織全体を鳥瞰でき関連が分かりやすい。組織図に
　　　は、機構図、機能図、職位図などがある。

　(2) 事務分掌規程―事務の分担を定めた規程。部や課の担当
　　　する事項を定めたもの。

　(3) 職務権限規程―職務権限を定めた規程。部長・課長など
　　　の権限を定めたもの。

　(4) 事務執行マニュアル―事務手続きを示したマニュアル

　(5) 稟議規程―決裁の方法や手順を規定した規程

　(6) 会議規程―各種の会議、委員会やプロジェクトなどの規
　　　程

4) 前掲。大工原　p. 81

5) 前掲。大工原　pp. 81-82

6) 矢澤西二「私立大学の組織・機構と意思決定システム」『私

立大学のマネジメント〔職員必携〕』(日本私立大学連盟)
1994 年、p. 79

7) 大学行政管理学会・事務組織研究会『全国私立大学事務組織
実態調査』2007 年 7 月実施。

アンケート依頼の私立大学は、日本私立学校振興・共済事
業団で掌握していた 457 大学、回答大学数は 173 大学で回答
率 37.9%、回答担当者は私立大学総務部長・同等職位者であ
った。

調査項目としては

(1) 各大学の基本的属性

(2) 現在の事務組織—組織図、プロジェクト組織の存否
規程の有無等

(3) 事務組織の現状—特に組織の問題点—

(4) 事務組織改革の実績と今後の予定

(5) 情報と事務組織—情報分析・戦略部署の有無、IRO の
認知状況等—

(6) 組織に関わる歴史的資料の有無

8) 市川彰『企業戦略を推進する新・総務部への変革』総合法令
(1993 年) p. 19

9) 大森彌 『官のシステム』東京大学出版会 (2006 年) p. 105
によると、「官房組織を構成する各課、とりわけ総務(文書)、
秘書 (人事)、会計の各課は「官房三課」と言われ、府省庁
全体の意思決定と財源・人員の配分において枢要な部門とな

っている」とある。なお、文部科学省の組織図〔2006 年〕
を見ると、大臣官房に人事課・総務課・会計課・政策課・
国際課が置かれている。

10) 松本琢司「私立大学入門・第 7 章　総務関係業務　第 6 節
　　～第 8 節」(日本私立大学連盟) 1985 年、pp. 302-334

11) 三宅邦彦・酒井昭・南川義昭「私立大学のマネジメント〔職
　　員必携〕　第 2 節　文書管理業務」(私立大学連盟)
　　pp. 362-375

12) 城下直之　『デジタル文書管理』日刊工業新聞社 (2002 年)
　　pp. 14-16 によると、情報中毒症の人の特徴は
　　① 決められた仕事だと文書を次々作り出す人。
　　② 報告文書に資料・データを多く作成し、分厚く作ること
　　　　で、自分の貢献度を認めてもらえると考えている人。
　　③ 資料・データを作る仕事を担当していることを保身術に
　　　　している人。
　　④ データ・資料ならば、何でももらわないと、自分の存在
　　　　が軽視されると思い込んでいる人。
　　情報中毒症はプロフェッショナル職員とはなり得ないので、
　　示唆に富んでいる。

13) 上田敏晶「実用文の書き方＝基本心得ノート＝」『月刊総務』
　　1977 年 11 月号付録、pp. 10-11

14) 椎貝博美「秘書、ファイリング、意思決定」『IDE』2003 年
　　1-2 月号、p. 24

15) 石川昭「大学における会議のあり方」『大学時報』（日本私立大学連盟）279 号 2001 年 7 月、p. 92

参考文献

・市川彰『企業戦略を推進する新・総務部への変革』(総合法令、1993 年)

・大槻博司・高橋正泰編『経営組織』（学文社、2003 年）

・大森彌『官のシステム』（東京大学出版会、2006 年）

・金井壽宏『経営組織』（日本経済新聞社・日経文庫、1999 年）

・金井壽宏・田柳恵美子『踊る大捜査線に学ぶ組織論入門』（かんき出版、1999 年）

・桑田耕太郎・田尾雅夫『組織論』（有斐閣・有斐閣アルマ、2003 年）

・島田達巳『事務管理論』（創成社、1998 年）

・城下直之『デジタル文書管理』（日刊工業新聞社、2002 年）

・沼上幹『組織戦略の考え方』（筑摩書房・ちくま新書、2007 年）

・林信二『大学改造』（大学教育出版、2005 年）

第6章 大学人事の文化と風土病からの脱出

6.1. 大学職員の生い立ち

　大学職員の仕事は最近まで社会に知られた状況ではなかった。日本で言うところの大学が生まれて約一世紀半、つい最近まで、大学では教授会を中心として重要な事項が決定されていく中、職員は教員から指示されたことや、与えられた仕事を黙々と処理すれば足りていたという面を述べてきた。

　学内にあっては「事務は雑用」という感覚が教員の一部にあったのは確かであろう。職員の中には、「どうせ、○○という詠嘆調」の者もいたのも既述したとおりである。

　その中で職員の志のある人達が「このままでよいのか？」と同志を募って勉強を始め、それを広げ組織化していった。高等教育問題研究会 (FMICS) を先駆けとして、大学行政管理学会 (JUAM) が創設されたのは 1997 年、日本高等教育学会が翌年に発足、2005 年の国立大学マネジメント研究会設立という動きに繋がった。

　教員や教授会を中心とした一世紀半という長い歴史の中の 20 数年であるから、大学職員はいまだ成長段階にあるとも言える。

大学はいま競争社会にあるという現実を踏まえ、様々な試み
がなされている。その一つとして先進的に職員の強化策を進め
ている大学の例もある（早稲田大学や東京大学等）し、私立大
学連盟の「業務創造研修」や私立大学協会の研修会を経て活躍
している職員もいる。加えて職員を対象とした大学院も既に開
設されていて、相応の成果が出てきている。

　このような前向きな動きの一方で、ぬるま湯に入ったまま出
てこない職員がいることは、反省しなければならない点でもあ
る。

　では20数年前から「求められる大学職員像」が標榜されてい
るのに、何故簡単に実現できていないのか、この問題から見て
みたいと思う。

　なお、本章では職員と言っても一般事務、技術・技能系等さ
まざまであるが、一般事務職に限定して述べていくこととする。

　また私立大学の職員を前提にしているが、多くの国公立大学
等でもそれと同様の特性が見られると思われる[1]。

6.2.　「職員の風土病」とは?

　大学職員は「隠れた人気職種」とも言われていて、某私立大
学では数人の募集に800人の応募登録者があったと聞いている。

　こういう狭き門を抜けて、大学の職員として働きたいと高い
志をもって勤めたはいいが、数年も経たぬうちに、知らぬ間に
「職員の風土病」に罹っていることがある。その最たるものは

「自分の仕事を囲い込もうとする」傾向である[2]。職員には「この仕事は自分にしかできない」と仕事を変に囲って、業務を遂行する傾向が特に強い。

このことは米国のようにジョブ型雇用で仕事が専門分化されているならいざ知らず、クラリカルな、いわゆる事務的な仕事では考えられない（一方で、誰でもができる事務的な仕事だったからこそ、囲い込もうとする習性と言えなくもない）。また、失敗をおそれる減点主義の浸透からか、自ら率先して新しいことに手を出さないという特性もある。

風土病の二つ目は前例踏襲主義である。反復事務もあるから前例を尊重することは大切ではあるが、大学を取り巻く環境変化の中、前例では解決できないことが多くなってきている。殊に、志願者集めに苦慮している大学では、暗中模索で手探り状態、前例に解決の糸口を求めることはできない。他大学の成功事例を参考に自大学で取り入れてもすぐに横並びになってしまう。自ら考えることを忘れ前例を無条件に踏襲していては職員も大学も成長はないだろう。

この前例踏襲主義のほかに、事なかれ主義・手続文化・教員や上司からの指示待ちと彼らへの責任転嫁・職員同士の言い訳しあいと、かばいあいなどを総称し、「大学職員症候群」と呼ばれている[3]。

しかし、これは何も教学部門の特性であるばかりではなく、本章にて扱う人事部門にも当てはまる傾向と言える（この風土

病は、後述する第 8 章「学習しない組織」の特性とも言えよう）。

　一般にこの風土病から脱け出すためには三つの知恵が考えられる。

　第一に仕事をしながら常に考える習慣を身につけること、第二に教員・職員・学生に対して自分の言葉で話せるようコミュニケーション能力を磨くこと、第三に自ら進んで組織として課題を解決し実現していく力である。

　大学にとって、これら能力を持った職員をあらゆる部門で育てていくことが肝心である。そのためには人事部門は何をすべきか、全部門の管理職も含め、何が重要なのかを考えてみたい。

6.3.　人事部門の役割

　まず、人事事務は手続が基本にある。それは公正・公平な手続を周到に行うことが前提にあり、人によって発生する効果を変えることは出来ず、それによって始めて教員や他の部署から信頼される。これからは緻密に手続を行ないつつも、費用対効果を念頭に仕事を複眼的・多角的に考えながら行なう必要もある。

　次に、100 点満点の人事制度はあり得ないという考え方である。60 点ならよしとしなければならないし、まず実行してみて、現場と十分に話し合って人事制度を試行錯誤しながら作り上げていくということにある。

　特に、人事異動は 60％の構成員が、いや 51％がほぼ満足する

ならばよしとしよう。異動原案は他部署との折衝・その時々の
デリケートなパワーバランス・異動が目指すべき目的等、諸事
情の綱引き・調整を勘案せざるを得ないから過半数となる。そ
の場合にも人事担当者の矜持が発揮される領域であり相応の覚
悟が必要となる。異動に関しては、職員数が少なすぎて異動で
きないという大学もあるが、事務局は縦割りの体質が強いから
人材育成のために定期的な人事異動は不可欠と言えよう。組織
の大小を問わず、人材育成の視点から、人事異動は組織にとっ
て必須である。

　そういう中、好き嫌いで人事異動を行うことは、やってはな
らないし、もう卒業しようではあるまいか。人事権のある者は
異動される人の立場に立って心して考える必要があるし、その
濫用は厳に慎まなければなるまい。

　また、人事権の濫用によって、最近ではパワーハラスメント
の案件も発生する事例もあるようだ。人事部門の担当者は自己
の異動を覚悟して上長に諫言できるか、その矜持も問われてく
る場面でもある。その視点がないと、「人事のあるべき論」を
展開していくことは遠のくだろう。

コラム➡人事異動のウラ話

　職員の人事異動のうち、ここでは定期人事異動について述べ
ることとしよう。日本大学の場合、定期人事異動は「職員人事
異動基準」により実施されることになっている。

その基準によれば、大学卒職員で10年以上同一部署に勤務する者は当然の異動対象者となっている。人事部としては該当者をピックアップし、学部事務局長等との擦り合わせを行うが、部室局長からは「彼は絶対に転出させられない」という強力な抵抗に何回か会ったことがある。すこぶる優秀で手放せない理由は理解できるが、同じような評価のAクラスの職員を交代要員として確保し説得を試みたり、法人本部や人事部から率先して該当者を転出させるよう実行に移した部分もあった。優秀だからこそ、異動によって職員のさらなる能力開発を図り、フィールドを拡げることが、法人にとってもその職員にとっても大切なことだと思う。異動させたことによってその職員の能力が半減してしまうことは避けなければならないが、本当に「できる奴」はどの場所に行ってもできるものである。オールラウンドプレイヤーをひとりでも多く育成していくことが大学の義務であるし、そのためには管理・監督職の意識改革を急がなければならない。人事のあるべき論を人事部課長が持っていないと、組織として形骸化し、いずれ組織が崩壊してしまうので注意を要さなければならない。

　さらに、人事担当者は極秘な個人データを扱っているから、特別な守秘義務が課せられている。人事情報がデータベース化されている昨今、情報流出等に注意しながら効果的に利用する必要がある。特に最近では全ての機器がネットワークに繋がる

時代であり、慎重な取扱いが要求される。情報流出は一瞬にして世界を駆け巡る時代に入って来ている。別の機会があれば詳述するが、過去にそういう苦い経験をしている大学や組織もあるはずだ。

　これらを前提にしつつ、人事部門が特に注意しなければならない点は、今までおろそかにしていた「教育・研究の現場の声」を大切にすることである。

　かつて孫福弘氏は、学事部門と法人部門の職員を比較して、職員の人事配置上も昇進ルートも法人部門が最優先され、法人部門に優秀な人材が集まった状況にあったが、この傾向は本末転倒であって、直接部門である教育・研究の現場に優秀な人材を欠くことは大学の発展にとって致命的な障害になり得ると論述している[4]（1995年）。

　その論拠から25年以上経った今、人事部門は教育・研究部門を重視してその視点から採用、配置・異動、昇進、処遇、能力開発、モチベーション向上、キャリアパス制度、労働環境整備等に努めているであろうか。整備されている大学は少ないのではないだろうか。また、多くの大学でそういう視点から昇進ルートを複線化しているのであろうか。

　さらに、ワークライフバランスや健康管理面から、長時間労働の抑制も大きな課題であるし、育児や介護等を含む、この辺りのチェックも人事部門は配慮していく必要があることはもちろんである。前章で触れたが人事業務も「超スマート社会」の

時代に入りDX等を活用することによって、業務委託も含めて可能になってきているし、既にその例も散見されている。

　次に参考になりそうな大学外の人事の潮流を紹介する[5]。

①　最近の企業では、人事部門の位置づけが労務管理や一連の人事事務という「組織の調整的役割」から、「現場を巻き込んだ人材育成」への機能転換と言われて来ている。これは今までの組織の調整役から、現場の管理職に対する働きかけを人事部門が行う、攻めの姿勢に転ずることが大切だということを言っている。今後、人事部門は法令等を遵守した事務処理の上で、守りと攻めのバランス感覚をとるようにと理解している。

②　次に「タレントマネジメント」の考え方がある。これは欧米発の概念であり、要約すれば経営戦略と結びついた個人の才能（タレント）の開発・人材の効率的な配置と育成システムと理解できる。筆者がこの「タレントマネジメント」の言葉をIDE誌に紹介したのは、2015年であったが、最近は、このコトバを聞くことが多くなってきており、「学校版タレントマネジメントシステム」と称して、ソフトウェアの販売を行う企業もある。この考え方は、以前から言われている「人材育成」と目指す方向性はほぼ同じであり、それが「大学として」という視点だけではなく、グローバル社会に対応し得る「個人の才能・資質」をどのように開発し、構成員を「見える化」して

いくか、ということであろう。

　これら企業の潮流は従来から言われている「適材適所」や「適正な評価」を行なうための、いずれもツールと考えてよいと思う。

　ぬるま湯の大学組織へのカンフル剤として、外部者を含む「抜擢人事」を行う必要も出てくる。この場合多くの教職員が納得するものでなければならない。目安としておよそさきほどの6割程度だろう。抜擢された者にとってはこの6割を納得させなければ成功とは言えないから、相応の功績を出さなければなるまい。近年、外部からの投入によって、志願者を増やして財政が好転した学校法人も散見される。

　総括して言えることは、まず人事部門が学事部門をはじめとして教育・研究の現場の状況を重要視しなければならない点である。そして働きかけを受けた現場の管理職は人事部門と十分にコミュニケーションを取り、全部門の管理職が学内外の研修会や研究会を通じて研鑽し、人材の更なる育成・開発の現場キーパーソンになるという点にある（もっともこのことは「人事部門」に限らず、「学習する組織」の全部門に言えることではあるが）。

6.4.　現場の管理職の役割と人事部門の関係

　大学は豊かな未来を築く「人材の育成」を一つの大きな目的としている、と筆者は考えている。職員人材の育成については、

人事部門が「研修会等」を通じて職員の能力開発を担当するものの、それだけでは不十分であり、日常は現場の管理職がOJTを通じて育成することが、今問われている。管理職の重要な役割の一つは人を育てることにある。また、管理職は後述するミドルアップダウンの位置にあって、既述の三つの知恵を活用しながら、与えられた権限をもとに担当部署を統括する立場にある。部下を守る事も重要な役割であるし、「自己の客体化」が出来ていないような、狭い視野では部下から信頼されなくなってくるだろう。

　以上簡単に人事部門と各部課の管理職について述べてきたが、この両者は実は縦糸と横糸の紡ぎ合う関係にある。人事部門は、これまでの前例踏襲主義や仕事の囲い込みから抜け出し、自ら現場に出向き、管理職とコミュニケーションを交わしながら現場情報に精通する必要がある。一方、現場の管理職は人材育成の一翼を担う関係から、人事部門と、ときには教員と協働し教育・研究の現場の声を反映させた、新しい人材開発の必要性に迫られていると言ってよい。

6.5.　風土病からの脱出

　日本は人口減少社会に突入していて、特に地方の疲弊が激しい。最近は大都市圏も同様の傾向にある。学生が集い若い力が漲っている「教育・研究に魅力のある大学」を地域活性化の起爆剤にしていく方法もあろう。一方ではグローバルな視点から、

幅広く大学外・海外にも目をむけ大学独自の施策を実行していく必要性もある。

　課題山積の中、それぞれの大学が、置かれた条件や環境を考えて講ずべきであるが考えるヒントはある。

　中央教育審議会大学分科会は 2014 年 2 月 12 日「大学のガバナンス改革の推進について（審議まとめ）」の中で、URA（ユニバーシティ・リサーチ・アドミニストレーター）や、IRer（インスティテューショナル・リサーチャー）をはじめ研究・教育支援職員等を「高度専門職」として例示している。もちろん、その後、この URA や IRer は根付いたのか、どこまで根付いたのか検証する必要は出てくる。これらをどう理解し各大学の人事政策として扱っていくか。現有職員数から見て、自前で育成できる大学は少ない。また日米の生い立ちが異なるので日本独自の進化をたどるのか、「第三の職種」[6]になり得るのか、人事部門として見極めていかなければならない。

　2015 年 4 月には学校教育法の改正施行により、「教授会の役割の明確化」が図られ、その後いわゆるスタッフ・ディベロップメント (SD) も 2017 年 4 月から義務化された。さらに 2022 年 10 月には大学設置基準第 11 条において「組織的な研修等」の中に、「教員・技術職員等」も含まれることになったことは既述したとおりである。これらの改正を教職協働の次なるステップとして事務職員自ら、絶好の機会と捉えて活用していく時代に入ってきた。

「求められる大学職員像」は以前から指摘されていて、大学も職員も要はそれを実行するか否かにかかっている。

　受験生が大学を選ぶ時代に入った今、学生が教師と大学を選んだ「中世ヨーロッパの大学」の歴史を思い起こす必要がある。その起源を忘れることなく、内向きから外向きへ思考を変え、卓越したバランス感覚のもと、幅の広いものの見方と「考える力」を蓄え、人事部門はもちろんのこと、他の部門も率先して職員の風土病から脱却しなければならない。

　これからも次章で述べる「求められる大学職員像」を模索しつつ、一歩ずつ踏み出す必要がありそうだ。大学という「ぬるま湯」の組織体では一歩踏み出そうとしても半歩しか進まない現実がそこに見え隠れする。従来の「好き嫌い人事」から脱却し「人事のあるべき論」を目指しながら、一歩ずつ着実に改善・改革していくことが人事担当者に課せられた最大の課題と言える。

コラム➡「29年ぶり女性課長の登用」とジェンダーギャップ今昔

　筆者が1999年、日本大学人事課長在任中、1970年を最後に、女性による課長職が全学に存在していなかった。何故発令されなかったのか理由は定かではないが、その当時の学内事情により課長補佐級に女性が少なかったことを一因にあげることができる。

　それまで女性蔑視の人事政策を採用していたわけではなかろうが、男女雇用機会均等法の施行に始まる女性の地位向上という社会環境と、当時の総長・理事長はじめ法人執行部から「女性管理職の登用を」という追い風が吹き、29 年ぶりに優秀な補佐級から誕生させることができた。その当時、本人に課長就任を打診したところ頑なに辞退されたことを今でも覚えている。当時の組織風土に、当人がまわりに気を使ったことと理解したが、説得を試みるうちに「そこまで辞退されるなら本物の大学職員だ」と考え、半ば強引的に引き受けてもらった。ただし女性課長が仕事をしやすい職場現境を設定したことは言うまでもない。一部には「女性の課長？」というアレルギーも上がったが、批判をよそに男性以上の仕事ぶりで、それをリーデイングケースとして当時 5 人まで課長を発令できるようになった。当時の施策を継続していけば、ジェンダーギャップの解消や女性理事の誕生が早めに出来たと思われる。2021 年の不祥事を契機として、林真理子日本大学理事長の登場となり、女性理事が 8 名誕生したものの、いまだに女性部長・局長が居ない状況が続いている。今後の人事政策に期待している。

　女性は男性が持っていない視点があるので、今後は女性の積極的登用やプロジェクトチームによる企画領域での活躍場面を設けることが大学の責務と考えてよかろう。既述したように世界の大学職員では女性役職者が多い。国内の一部の私立大学も同様の傾向にある。事務職員の仕事内容・多様性から考えても

女性の登用は喫緊の率先課題である（ある意味、いまだにこう
いうことを言わざるを得ない日本の社会は遅れているというこ
とか）。

　同様に今後の各大学の人事政策に期待したい。

脚注一覧

1) 山本眞一「大学職員論のこれまでとこれから」『大学職員論叢』第 1 号（2013 年）p. 8

   里見朋香「「体験的」大学職員論」『IDE 現代の高等教育』(2008 年) № 499、pp. 40-43. 里見は①大学の自治は教員の自治、②事務から教員に言えない風習、③職員が根回しに動かない文化、④組織として機能していない「事務組織」と観察している。山本はこの中から、教員の自治は「私がかつて四半世紀も前、同じ東京大学に勤務した折の印象と少しも変わらない」と述べている。

2) 村上義紀「大学職員はどこへ行くのか」山本眞一編『SD が支える強い大学づくり』文葉社（2006 年）p. 257

3) 横田利久「大学改革と大学職員」『大学と教育』（1998 年）№23、p. 69

4) 孫福弘「大学職員とその役割」『私立大学のマネジメント（職員必携）』（1994 年）pp. 111

5) ・内藤琢磨「人事部不要論と人事部機能転換論」『人材教育 January』（2014 年）pp. 44-47

   ・石山恒貴「タレントマネジメントとの融合」『企業と人材 3 月号』（2014 年）pp. 68-71

   ・テンプナレッジマガジン 2012「どうする？どうなる!「ニッ

ポンの人材」」Vol.3 を参照。

6) 山本清「大学職員の能力開発」『IDE 現代の高等教育』（2011
年）№535、p. 21

第7章　求められる大学職員像

7.1.　「求められる大学職員像」への飽くなき挑戦

　ここまで大学の歴史・事務組織・財務・人事・総務事務について述べてきた。これらの前提に立ちつつ、「求められる大学職員像」なるものが、果たしてあるのだろうか、はたまた、仮に現在はないとして、今後、どのようにしたら、その「求められる大学職員像」へ近づけるかについて述べていこう。

　まず職員は何かということから解いていかなければ「求められる職員像」に到達しないので、ここまで、そういう視座で述べてきた。そこから「求められる大学職員像」を描き出せればとの想いである。

　そもそも「大学職員」という職業が、社会でどのように認められる存在なのだろうか、世間の人は、多分、「職員」とは「大学で事務をしている人」程度の認識であった。

　大学における研究・教育は当然のことながら教員によって行なわれ、運営の重要な事項の決定も概ね教員である。いままで職員は研究・教育や経営・管理運営に伴って発生する業務を行なうという脇役的存在であった。そのような中で、早くから職員の重要性に気付き、職員重要論を説く先見性を持った人々が

教員にも職員にもいて、その人達は、それぞれ地道な研究や意見発表や仲間を増やす運動を続けていた経緯がある。既述したように、高等教育問題研究会 (FMICS) や民主教育協会 (IDE)、大学行政管理学会 (JUAM) などもその一つであるが、職員の位置づけを根幹から変えるまでには至っていなかったと言えよう。

　しかし、近年になって新しい風が大学に吹きはじめてきた。私立大学協会の教育学術新聞や私立大学連盟の研修や広報活動もその一つであるし、職員の重要性を各分野で説く息吹である。言うまでもなく大学の使命は教育と研究であり、教育や研究が最高の状態で行なわれるような条件整備はされるべきであるが、一方で経営という視点を失えば私立大学は倒産・解散ということになる。しかし、近年になり「大学の管理運営や経営は、専門知識を持った専門家によらなければ難しい、その専門家に職員を育て上げ、その上で教員と協働して大学運営の任に当らせる」という議論が、沸々として湧き上がってきたと言ってよい。既に幾つかの大学では現職職員の教育を始めた大学もあるし [1)、大学院修士課程に高度な専門職業人としての職員の育成コースを設置した大学もあることは周知の事実である [2)。

　本章は元々、2001 年に、大学行政管理学会の「大学人事」研究グループで発表したものをベースに [3)、『大学人事研究』に掲載したものであり、その考え方は初出の発表当初から変化しておらず、現在でも参考資料になり得るとの考えである。

　そもそも、大学の事務職員になるには、特別の免許資格を要

しない。この点は、同じ大学の中で、医療系・技術技能系は免許資格を必要としているので異なる点である。今後、日本の社会全体がジョブ型雇用になっていくのか、終身雇用・年功序列型賃金・新卒一括採用を前提とする日本型雇用（濱口桂一郎氏は「メンバーシップ型雇用」と呼ぶ）が主流のままなのか、欧米のように「大学事務職員」は女性が主軸に変貌していくのか、興味が尽きない点である。やはり、誰でもができる仕事なのか、相応の「構成要素」が求められるのかという、「求められる大学職員像」という点に結びつかざるを得なくなってくる。

　職員論については尽きない点であるが、詳しく知りたい方は山本眞一「大学の管理運営と事務職員」[4]、大場淳「大学の管理運営・経営と大学職員」[5]も参照されたい。

7.2.　大学事務局の業務の変容と対応

　次に職員の取り扱う業務の変化と事務局の対応が、職員にどんな影響を与えているか見てみる。従来の伝統的事務局は、庶務課、会計課、教務課、学生課、図書館などであったが、学生数の増加やそれに伴う事務作業の増大、また、助成金業務・就職支援・キャリアセンター・社会貢献活動など従前と違って年々事務量が増加していった。

　このように大学が多様化・大規模化され、事務量が増大される中で、組織を維持し管理するのに必要な事務組織は肥大したが、それに比例して職員自身の意識改革が追いついてきたのか、

疑問が残る点である。組織を管理する手法は昔のままで、組織の拡大とともに近代的管理の方法を取り入れてこなかった、ということも言えよう。

　また近年は「研究助成・支援課」「知的財産課」「情報システム室・IRO」などの新しい業務に対応しなくてはならなくなってきている。これら新しい分野は相当専門的知識を持った職員が求められることは言うまでもない。

コラム➡「前例踏襲主義」と
　　　「風土病からの脱出」のために

　筆者の採用当時と比べ職員全体の資質・能力は少しは向上し、加えて教員や学生からの要望による内的要因に基づき変化してきたと理解している。事務組織については、意識的かつ継続的に見直し、定期に点検評価を行わないと元に戻ってしまうので要注意である。時代環境の変化による、業務量の質的・量的変化と、自己点検・評価の重要性はここにある。

　また事務局の業務を網羅し、部・課などの分担の詳細を示すものに事務分掌規程がある。分掌規程を見れば業務の全貌が分るが課題はその実際の運用にある。私たち大学職員は前に述べた「風土病」から脱出し、名目ではなく、実質化しなければならない。経年変化に伴う前例踏襲主義をどう排除していくかも大きな課題である。数年たったら必要的見直しを実施しないと、

元に戻ってしまうこの組織の「復元力」には圧倒されてしまう。その意味からも後述する「学習する組織」であることを常に心がけていきたいものである。

7.3.　大学における職員と教員

　大学構成員の中の教員と職員には、やはり溝がある。溝の大小はあるにしても微妙な関係があるというのが、大方の見方ではなかろうか。

　大学の目的は教育と研究であり、それらを実行するのは教員と言える。研究は教員が行なうものであり、授業もまた然りである。従前まで、職員は授業や研究に伴い発生する事務処理、例えば試験を行なったり、成績を記録したり、授業料を受け取ったりなどが中心であった。質的にもたいした仕事ではなく雑用をしているという意識が牧歌的で詠嘆調の職員にはあったようだ。教員側には雑用などは職員がやるのが当然という意識があったかもしれない。しかし、それではいけないと気づいた教職員が登場してくる。

　人間社会どんなところにいっても派閥や対抗する人々がいる。いまこの危機を迎えている大学にとって最も避けたい事態である。教員も職員も一丸とならなければ危機を乗り越えられない。そして、決してできないことではないと思う。ここでは、筆者たちの先輩（河原崎福治氏）が IDE で述べた言葉を引用させて

もらう。「研究活動の中で研究者と支援職員は、どうしても上下、主と従の関係になりがちだが、私たちは仲間同士だった。研究者が支援職員をパートナーとして頼りにしているとなれば、良い仕事をしようと努力するのは人情である。そこには上下の区別はなく、各々の分担に応じて協力して仕事を進めていく関係ができる。このことは研究支援を考える上で最も重要な点であると思っている」[6]。ここまで上手くいくケースは稀かもしれない。これは教員の度量と、その期待に応えようとする職員の仕事ぶりが揃わないと成立しない。実は、この「研究活動領域」とは別に、最近のIT環境とデジタル技術の急展開により、オンライン授業・ブレンド授業・ハイブリッド授業の場合、教員の「授業活動領域」への事務職員のサポート活動として、教員の信頼を得られる職員研修メニューの構築が急がれてきているし、実際既に着手している先進的な大学もある。

　既述の研究支援職員を職員と言い換えれば、大学の教員と職員の関係を考える重要な言葉と言えよう。職員の教育研究へのサポート体制については、孫福弘氏や村上義紀氏にも同じ主張があったことを記憶に留めておきたい。

　主として教員が研究と教育という大学の役割を担い、職員が管理運営と経営という面で専門知識を身につけて、既に教員と職員の両者が協働し一丸とならなければ、これからの時代を生き残れない段階に既に入ってきていると筆者は考えている。

コラム➡「教員」と「学生」と、職員の新しい役割

　第 2 章で見てきたように中世ヨーロッパの大学にも、職員の
ルーツと考えてよいビデルの存在があった。もともと組合を模
してできた大学であったし、徒弟制のように、親方と弟子の関
係は、教師と学生の関係と見てよいと思う。そこは、師弟の関
係と言えるし、職員が入り込む余地はほとんどないであろう。
そういう段階でも、ビデルの存在はあった。人類の多くは他人
のやり方を見ながら自分なりに最良の方法をみつけていく手法
であるから、「盗んで見て覚える」のは当然のやり方と言ってよ
い。教員と学生が徒弟制なら、四、五十年前までは先輩職員の
見よう見マネで新人職員は事務仕事を覚えた時代でもあった。
しかし、「盗んで覚える」時代はもうそろそろ脱却して、現在か
ら過去を見てくると、次なる時代を築いていく時期に来ている
と考えている。価値観も考え方も事務のやり方も、IT や超スマ
ート社会の深化・ウィズコロナ・戦乱という 21 世紀序盤はそう
いう時代の到来を告げている。

　芸術の舞台では俳優と観客だけでは成り立たない。それを支
えるスタッフ抜きに劇場は成立しない。そこから考えるに教員
と学生だけで大学は成立せず、お膳立てする職員も必須と言わ
ざるを得ない。小学校のように、すべからく教員が対応してい
くことは限界があり歪みが出てくる。最近の傾向では、学校運
営臨時スタッフの登用も図られている時代背景もある。まして

や大学教員は研究者でもあるから、これ以上、教員の負担が増
えることは大学として、また、職員として避けなければならな
い点である。

7.4. 「求められる大学職員像」への私見

　ここでは「求められる大学職員」に必要な資質能力について
述べることとするが、これまでに多くの人々が職員の役割、求
められる職員について意見を述べられているから、まずその一
つを紹介する。

　孫福弘氏は、職員が持つことを期待される基本的要素・要件
について、12項目を挙げている(『私立大学のマネジメント(職
員必携)』第一法規出版株式会社、pp. 101-117)。すなわち、

① 教育・研究への理解

② 知的好奇心

③ 考える力

④ 学問の評価基準

⑤ 教育・研究の現場感覚

⑥ 自己の解放と客体化

⑦ 理念とビジョン

⑧ コミュニケーション能力

⑨ 新しい組織概念

⑩ 目的志向型業務スタイル

⑪ 顧客志向

⑫　実現能力

と、⑥〜⑧については物の見方・考え方として、⑨〜⑫については仕事のスタイルの見直しとして挙げており、ここでは詳細は避けるが多彩である。

そして、「このような役割を積極的に演じることを通して、教員をはじめとする大学構成員の信頼を勝ちえることができれば、職員は大学運営にとって欠かすことのできない新しい形のパートナーとして生まれ変わるに違いない」と述べている。さらに加えておおよそ以下のように述べている。「職員の努力しだいでは大学運営に貢献できる可能性は無限である。問題はむしろ職員側の意識と自己開発が可能性に追いついていない点にある」また「職員の貢献可能性を最大に引き出すことに意を用いる大学こそ、明日の時代の先導的役割を担うにふさわしい、革新的フロンティアを目指す『未来の大学』というべきであろう」。[7] これ以上何を言うべきであろうか。しかし、それでは筆者の役目が終わらない。

以下に期待される資質試案を少し具体的に述べさせていただく。しかし、この案は未完成のもので、今後、読者の皆さんのお知恵を拝借して完成させたい、という筆者の横着な考えによるもので、あえて提示する次第である。各位のご提言をお待ちする。

この案では、職員はその職位によって期待されるものが違うという前提に立って、新入職員から最上位者までを 4 区分して、

それぞれに分けて、求められる資質・能力の項目を考えてみた。
この区分は男女を問わない。

【大学事務職員に求められる資質・能力】

Aクラス（初任者などを対象）

・基礎的能力＝読み書き計算や、最低限 Word・Excel をはじめパソコン・Web・インターネット基本活用、日常英語力など、職員として必要な基礎的なことのできる人
・理解力＝仕事を完全に理解できること
・正確性＝間違いなく緻密・几帳面に事務処理を行なえること
・向上意欲＝仕事をさらに効率的、合理的に向上させる意欲をもった人
・社交性・協調性＝学生、教員、同僚などとの対応が上手で、協調性のある人
・学生の目線＝学生の目線に立ちながら業務処理のできる人

Bクラス（部下を指揮し、自らも仕事を分担する立場の人対象）

・指導力＝初任者へ的確に上手に教えられること
・判断力＝現場での当否を即判断したり、状況に応じて上司の指示を的確に受けられる人
・専門知識＝分担業務について深い知識を習得していて、資料をコンパクトに分かりやすく書ける人
・責任感＝責任感の強い人

・包容力＝部下が失敗したりしたときなど、上手にカバーできる包容力

・挑戦する意欲＝新しい仕事などへ挑戦する意欲

・考える力＝前例の踏襲だけでなく、「なぜか」を考え、工夫前進する能力

Ｃクラス（課長クラスの人対象）

・行動力・実行力＝机にただ座っているだけでなく行動的で、そして仕事を実行できる力

・調整力＝他部署との調整、各所の根回しなど仕事をソツなく遂行できる能力

・創造性・創造力＝産官学連携を意識しつつ常に新しい発想ができ、時代の先端を行く企画を作り出す能力

・掌握力＝部下を上手に掌握する能力、人望

・さらに高度な専門知識＝現場を取り仕切るために必要な知識を修得していること

・情報収集・分析力＝情報を集める能力、それを解析し仕事に生かせること

・フロンティア精神＝新しい企画を考え、困難を克服してさらに発展させる気概を持つ人

・幅広い人脈と国際的視野＝グローバルに活躍するには、国内外に広い人脈、対応できる能力・企画力が必要

・補助金への視点＝業務遂行上どうすれば助成金、特に私立大学等経常費補助金特別補助やその他補助金を獲得でき

るかを考えられる視点をもつこと

Ｄクラス（最上位クラスの人対象）

・高度な判断力＝大学を経営、管理運営するために必要な、最高度の知識に基づいた判断ができ、トップを補佐できる人

・説得・調整力＝産官学連携を意識しつつ大学構成員や関係者（機関）などを上手に説得し調整する力

・組織力＝組織をまとめる能力

・問題解決力・危機対応力＝問題や危機を解決できる能力

・吸収力＝小事にこだわらず腹に収められる人、新しい知に対してどん欲な人

・トップを支える精神＝トップに協力、常に支えるという精神を持つ人

・資金を獲得する能力＝寄付金や外部資金を持ってこれる能力

・自分の言葉で説明できる能力＝既定内容の説明にて原稿を読むだけからの脱皮を目指し、自分の言葉で説明・対応できる人

（註1）上位者は下位の能力を持つことを前提とする。

（註2）本案作成にあたっては、冨子勝久氏の「職員の私立大経営の観点からみた事務機構と職員」[8]を参考にした。

第7章　求められる大学職員像

　上記の要件は言葉で表現するのは簡単だが、私たちが実行するのは容易なことではない。自省と自戒をこめて再度提示してみた。

　これらは数十年前の指標ではあるが、いまでも使える大切な要件と言えるのではないだろうか。今後は、これらの指標をベースにしながらも、時代と環境と教員・学生からのリクエストを傾聴しながら、さらに踏み込んだ「求められる大学職員像」の模索を進めていく必要があると痛感している。

　職員の重要性や資質向上の必要性を述べてきたが、大学はこれまで職員を教育し育ててきたかというと、やはり否である。早急に職員全体の能力開発、資質の向上策、制度を構築すべきである。また一方で、今こそ職員は自ら変わらなければならない時期に来ている。この機会を絶好のチャンスと捉えるか、今まで通り十年一日のごとく「のんべんだらりん」と仕事をし、前例踏襲主義を基本にしていくかは各自の「職員としての矜持」と生活信条にかかわっている。

　別の見方をすれば、楽しみながら大学職員の仕事をしていくか、嫌々ながら仕事場に向かうか、あるいは、リストラのない有り難い職場にせっかく勤められたのだから「粉骨砕身働くぞ」と肝に銘じて日々感謝しながら精進していくか、大学は「親方日の丸」的で潰れるわけがないから「適当に流せばよい」とタカをくくるかは、職員一人ひとりの自覚にかかっていると言える。

だがしかし、競争時代に生き残っていく大学にとって「適当に流せばよい」という時代は過ぎ去り、胡坐をかいている状況にはない。大学は今後、能力の無い者は切り捨てていくことはおそらく必定で、これからは世間並みの厳しい世界になるであろう。そうでなければ大学は生き残れない時代に既に突入してきている。

　既述したように、教育活動収支が継続的にマイナスで、基本金組入前当年度収支差額も毎年マイナスの法人は、貸借対照表の「純資産」を取り崩していくことになる。かなりの確率でリストラ・解雇が開始されることを覚悟しておかなければなるまい。

　良かれと思って組織や制度を改善したとしても、元に戻ってしまう妙な復元力が大学にはある。数年経過したら点検評価を行い制度の効果を再検証し、必ず見直すシステムを作っておくことも言うまでもない。

　「求められる大学職員像」を目指すため、本章では具体的指標として『大学事務職員に求められる資質・能力』を取り上げた。ものごとの捉え方・ノウハウ・事務や管理職のあるべき姿の参考材料であって、前例にこだわらず、業務改善に努める解決のための糸口として述べてみた。

　過去に、大学職員を特集した雑誌や本が出ている。今でも役に立つと思うので、勉強の参考に挙げておく。

　　・『大学職員研究序論』[9]

・『IDE　現代の高等教育　No.439.「大学の SD」』[10)

・『大学時報　№ 288.　特集変化する職員の役割と人材育成』[11)

・『高等教育研究　第 5 集.　大学の組織・経営再考』[12)

一読をお奨めする。

脚注一覧

1) 大学行政管理学会「1999 年度大学職員人事政策に関する調査」集計結果参照。
   孫福弘「大学運営のリエンジニアリング」「大学改革 2010 年への戦略」PHP 研究所 (1999) p.151。清成忠男「21 世紀の私立大学像」法政大学出版局 (1999) p.175 などを参照されたい。

2) 桜美林大学大学院国際学研究科大学アドミニストレーション専攻（修士課程）他 。他に、東京大学・名古屋大学・広島大学等の大学院に置かれている。

3) 大学行政管理学会・「大学人事」研究グループ（通算第 17 回）2001 年 11 月 17 日「本学の現況と人事諸制度」（日本大学；大工原）発表。

4) 山本眞一「大学職員を巡る研究動向」「大学職員研究序論」（高等教育研究叢書 No.74）2003、広島大学高等教育研究開発センター、pp. 5-22

5) 大場淳「大学の管理運営・経営と大学職員」「大学職員研究序論」（広島大学教育研究叢書 No.74）2003、広島大学高等教育研究開発センター、pp. 23-37

6) 河原崎福治「職員組織による研究サポート」「IDE　No.439」民主教育協会 (2002) pp. 40-45

7) 孫福弘「大学職員とその役割」日本私立大学連盟編『私立大

学のマネジメント（職員必携）』第一法規出版株式会社 (1994) pp. 101-117

8) 冨子勝久「私立大経営の観点からみた事務機構と職員」『IDE No.311』民主教育協会 (1990) pp. 35-39

9) 大場淳・山野井敦徳編『大学職員研究序論』（広島大学教育研究叢書　No.74）広島大学高等教育研究開発センター (2003)。

10) 『IDE 現代の高等教育　No.439「大学の SD」』民主教育協会 (2002)。その他にも多数あり。

11) 『大学時報　No.288　特集　変化する職員の役割と人材育成』日本私立大学連盟 (2003)。

12) 日本高等教育学会編「大学の組織・経営再考」（高等教育研究第 5 集）玉川大学出版部 (2002)。

第 8 章　大学職員の未来展望

8.1.　新しい事務組織と 21 世紀の新しい職員

　厳しい環境に直面して各大学それぞれ工夫し努力しているが、これまで買い手市場の恵まれた状況にあったために、経験も乏しく、一部大学を除いてまだ充分な対応策が講じられているとは言えない。企画戦略部署の必要性はこれまで述べてきたが、理想的な事務組織を構築しても、それを機能させるのは人（職員）である。今後さらに厳しい状況が見込まれることを考えれば、やはり「事務組織」も「職員」も転換が必要であろう。今後の競争社会で生き残るためには、まず、ぬるま湯体制を改善し、構成員の意識改革を行う必要がある。学齢人口の減少等により入学定員を確保できない半数近い大学にとっては、お尻に火がついた状態であり、意識と風土を変える、またとないチャンスが到来したと言える。

　組織は長い年月の間にマンネリ化し、硬直化して、変えようとしても容易には変えられないものである。変えるためには、後述する「学習する組織」に変更したり、「ミドルアップダウン」や「連結ピンモデル」に切り替えていく手法もあるが、運営していくのは、やはり人（職員）にかかってくる。

　ぬるま湯体制からの脱却が急務であって、そのために大事な
ことは、事務組織で働く職員の教育で、事務組織は大学の経営・
管理を担う組織という高い意識を持ち、専門知識のある職員を
育てることが急がれ、そのための制度を確立する必要性が出て
くる。そこには、職員教育に、従来から二つの方法が考えられ
た。

　一つは新入職員から始め、中堅、上位者と体系的に大学の管
理・運営の専門知識を習得させるための研修制度を設けたり、
適宜チーム学習する方法である。日本の大学事務職員は基本ジ
ョブ型雇用ではないので、働き方改革を視野におきつつエンプ
ロイアビリティを身に着ける必要がある。エンプロイアビリテ
ィ、いわゆる「雇用され得る能力」をどのように獲得していく
かは、寺尾謙氏の論考に書かれているのでここでは参考資料
【寺尾謙氏「大学事務職員の履歴書」の創り方～大学事務職員
としてのエンプロイアビリティを雇用される能力として可視化
する～〈「学校法人」2019 年 3 月号〉（なお、論考は岩田雅明著
『戦略的大学職員養成ハンドブック─ 経営参画できる“職員
力”』〈大学職員としてのエンプロイアビリティ強化を実践〉を
原著としている）】として挙げるに留める。

　エンプロイアビリティの向上は、「非ジョブ型雇用」を前提と
してきた日本社会においても、これからは徐々に変わって来て
いるだろうし、「事務職員」においても変わらざるを得ない状況
にあると見てよい。

二つ目は、ミドル層（課長や部長）を中心に学習する方法で、孫福弘氏は、ミドルアップダウンという意思決定のスタイルを、大学も整える必要があると述べている（孫福　弘 2004）。このミドル層の役割と「連結ピンモデル」の課題については、後 (8.4.) にて詳述する。

これらマネジメントに関係する仕組みについては、既設の部課単位に限らず、必要に応じてプロジェクト組織を利用すれば、教員を加えることも可能で高い効果が期待できる。また、ミドルアップダウンにしろ、連結ピンモデルにしろ、現場の声がトップに入らない組織は黄信号が点滅していると考えてよい。点滅しないための一つの解決手段としては「オープンブックマネジメント」の手法がある。オープンブックマネジメントとは、20 世紀末に提唱された経営手法で、財務諸表や業績管理指標を全従業員に公開し、そのデータの読み方を教育することにより、全員参加型の経営を行っていくマネジメント手法で、OBM とも略されている。本書では詳細を省くが「大学事務組織の始動書」（前掲 始動書、大学事務組織研究会編・学校経理研究会、2021 年、pp. 202-210）の中で詳しく紹介されている。オープンな情報の共有、とりわけ財務情報の共有は、黄信号が点滅している組織の活性化のためには必須だと考えている。

8.2.　経営戦略をサポートする「事務組織」とは

日本の私立大学は今まで経験したことのない「解のない時代」

に突入しコロナ禍により更に混迷を極めている。教育・研究面
では海外の大学との競争環境に立たされている面もある。何も
しなくても志願者が増えてくる時代は既に過ぎ去っており、教
育・研究・意識や風土面での大胆な変革が求められている。大
学の管理運営・経営面でも、教育・研究面に劣らず改革改善が
急がれており、無為無策は許される状態にはない。

　外部環境の変化に応じて、トップに立つ人は大学の更なる発
展・飛躍のために、新たな教学施策や経営面の改革方針を、法
人の「使命」として教職員に提示しようとしている。ここでは、
経営戦略論における MOGST（モグスト）という言葉を改めて
紹介してみよう [1]。それは次の五つの言葉である。

① Mission
② Objectives
③ Goals
④ Strategy
⑤ Tactics

の頭文字を並べたものである。使命のさらに前に「ビジョン」
（Vision・理念）を位置づける考え方もある。経営実務の世界
では M→O→G→S→T の順に上から下に順次進み、組織の進む
べき方向性がより具体的に決まってくるとされる。

　このように、大学のトップがまずビジョンやミッションを示
すと、使命➡目的➡目標➡戦略➡戦術の順に、組織を動かして

いく方法がある。「組織が動かない」ケースの場合は、どこかの局面で属人的課題や制度疲労・組織の動脈硬化を起こしていて十分に機能していないことを意味していると言える。

　ボトムとしては、正確な情報をエビデンスやデータとして、ミドル層を通じてトップに提供することが大学事務組織にも要求されている。提供する場合も、第 5 章で既述したように、より簡潔に要約して提案することが必要である。この場合、事務組織自体がトップやミドルから信頼されていることが前提条件であり、また、その反面も然りであろう。

8.3.　事務（経営）情報の重要性と利用機能の充実

　事務情報は実は宝の山である。その中には大学経営に参考となり得る情報が相当蓄積されている。事務組織が縦割りの構造になっている場合、例えば総務部門の A 情報と、教学部門の B 情報を繋ぎ合わせると、とてつもない貴重な情報に変化するというケースもある。そういう意味でも事務情報を一ヶ所に集めて管理しておくことが望ましい。IRO[2] や各種の情報センターの創設も一案だろう。IRO で集められた情報は部課長を通じて理事長・学長をはじめとした経営層で活用されていくことになる。

　情報集積部門として、学長室・戦略企画室・経営企画部・経営戦略本部という新しい組織を創る大学も増えている傾向は、前に述べた「全国私立大学事務組織実態調査」からも明らかで

あった。その後、情報収集・調査・分析を専門的に行なう IRO 等が多くの大学で新設されてきている。課題として、IRO は出来たものの、その活用度合はどうなっているかであり、実際にどのように活用していくのかにかかってくる。トップの考え方や既存部署との融和性が試されてくることもあろう。もちろん、IRO はエビデンスに基づく提案を継続しなければならない。改革改善が上手くいっている大学は、IRO 等ボトムの情報がトップに適切に伝わっていると言える。

このように大学事務組織にも新しい流れが生まれつつあるが、一方、注意しなければならないのは情報の過度の一極集中による弊害も出てくることである。事業部制組織の中で、本部（本社）機能の戦略立案業務を高め過ぎると、1970 年代後半から 80 年代にかけての、アメリカ企業の業績不振に見られたように、「現実」よりも「情報」を重視する傾向が見られ、深刻な状況に陥る恐れがあるという指摘[3] がある。このことは情報の一元化と共に、「現場主義」の軸足を忘れてはならないことへの良き警鐘とも言えよう。

事務（経営）情報の集積は非常に大切なことではあるが、情報集積部門が頭デッカチになり過ぎて、特に教学現場の現実を無視するようなことは避けなければならない。バランスよく柔軟に大学経営（管理運営）していく必要がある。

8.4.　事務組織戦略とプロフェッショナル人材の育成

　前に述べたように、組織は MOGST によって運営されていく。トップの掲げたミッション等に基づき、事務組織も知恵を出しながら可能なかぎり「早く・コストと人手をかけずに」動かなければならない。

　組織におけるマネジメントのスタイルとして、よくトップダウンか、ボトムアップか、という問題に遭遇することがある。大学の規模・歴史・風土等によりどちらがベターかは一概には言えない。ここで先に触れたミドルアップダウンという手法を改めて紹介しておこう。孫福弘氏は「（ミドルアップダウンとは）野中郁次郎という経営学者により唱えられた、日本の組織における意思決定の特徴的スタイルである。日本の組織は、（中略）実は数多くの組織ではミドルアップダウンによって、経営的効果を上げている実態が明らかになった。それはどういうものか。日本企業のなかでは少数の優れたミドル層が経営層に働きかけて、自分の主張や提案を組織の意思決定につなげ、承認が取れると同時に部下に指示し、実現に向けてリーダーシップを発揮する」[4]との論考である。

　ここでは別の視点として、「連結ピンモデル」も紹介しておきたいと思う。

　大学内には多様な価値観が存在している。その場合、いわゆるミドル層の活躍によって組織が円滑に進むのではなかろうか。「組織論」で言うところの連結ピンモデルも同様である[5]。連

結ピンとは**図** 8-1 のとおり、部長・課長等の小集団ユニットの
リーダーのことであり、小ユニット（グループ）が連結ピンを
通じてつながっていて、「全体としての組織」が出来上がってい
る。連結ピンはミッションを掲げたトップ層と、実務的に活動
している現場との間において、タテ方向のみならずヨコ方向に
おいても連絡・調整を行い、企画・提案・指令を発する要の部
分にあたる。当然、連結ピンには問題発見能力・必要最低限の
高等教育に対する造詣・マネジメント能力・人間としての魅力
等が要求されてくる。新たな「プロフェッショナル人材」とし
てのアドミニストレーターが求められている所以である。

コラム➡「ミドルアップダウン・連結ピンモデル」の具体例

　ここでは、筆者が在職時にコーディネートした日本大学芸術
学部の窓口業務向上プロジェクトについて紹介しておきたいと
思う。

　芸術学部の事務窓口の対応は他学部の窓口に比べて、学生か
らの評価がすこぶる芳しくないことが学生実態調査から判明し
た。そこで学部事務長として筆者は業務向上プロジェクトをた
ちあげることとした。メンバーについては、それまでとは異な
りかなり、20 代・30 代の若手職員を中心に選任することとした。
この若手のプロジェクトはわずか 2 ヶ月で企画書をまとめあ
げ、学生や教員からも称賛された。権限委譲の大切さと企画書

を「絵に描いた餅」に終わらせないためのチェックが必要、そ
れよりも若手職員の企画力に教えられることが多かった。おそ
らく課長や中堅クラスに任せていたら、議論百出ばかりで2ヶ
月でまとまらなかっただろう。この手のプロジェクトは若手の
自由な発想と、既存部署との調整、責任をとる覚悟と上司との
報連相、権限移譲とミドルアップダウン・連結ピンモデルの具
体的実践例として紹介しておく。

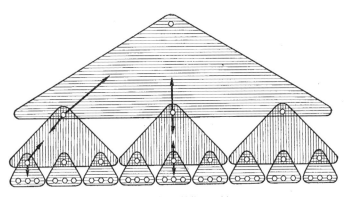

（矢印は連結ピン機能を示す）

図 8-1　連結ピンモデル

出所：R.Likert , *New Patterns of Management* , New York.McGraw-Hill,
1961.（三隅二不二監訳『経営の行動科学―新しいマネジメントの
探求』ダイヤモンド社、1965 年、p.152 より）。

　高遠なビジョン・ミッションを掲げ、理想的な組織図を作っ
たとしても、事務組織戦略を考える場合、大学には有為なプロ
フェッショナル人材が育っていないと改革が進まない。大学の
役員層としてはプロフェッショナル人材の養成を考える時期に
相当以前から来ているし、職員も日頃から役員層や教員に信頼
されるように素養を磨いておかなければなるまい。

　しかしながら、「空白の 30 年」を経て思うように賃金が上が
らず国力が低下している我が国の場合、どう対処していけばよ
いのかという別の問題、すなわち、『大きなモノガタリの喪失』
という別の課題が登場してくる（山口周「劣化するオッサン社
会の処方箋」光文社新書、2018 年、pp. 18-35 参照）ことに注意
が要する。

　「空白の 30 年」を考えると日本社会のミドルアップダウンは、
ここ最近きちんと機能してきたのだろうかと思わざるを得ない
という点である。前掲書の中で、山口周氏が述べているように、
「凡人は凡人しか育てられないし、劣化は組織が『大きく、古
くなる』ことでより顕著になる（前掲 pp. 47-49）」とするなら
ば、アンテナを張り巡らして、組織は自らの課題として、相当
の研鑽と学習を積んでいく必要があることを物語っている。

　優れたミドル層が経営層になったとき、優秀な次のミドル層
を育てられなかったという、人材の拡大再生産が、優れた経営
層の成功体験（レガシィ）が強すぎて出来なかったということ
であろうか。その場合や組織のミッションが達成できない時は、

思い切ってガラガラポンを実施し、「よそ者・若者・ばか者」の力を借りたり、多様性の考え方を採らざるを得ないのではないだろうか。

8.5. 大学事務の新しい方向性とその研究
― 官僚制の逆機能と「学習する組織」―

　これまで述べてきたように、競争社会を迎え変わりつつある大学の中で、今まで重視されてこなかった職員、事務組織が見直され、その重要性が問われ始めている。厳しい競争を生き抜くには大学の基礎知識や財務のみならず、卓越した専門知識が必要で、大学経営のトップを支えるその役割は職員が担うべきという考え方が登場してきている。

　この機会に古い職員から脱皮し、大学の経営、管理・運営の一端を担うプロフェショナル職員への転換が必要なときである。職員の活躍の場は格段に広がることから、常に期待に応えられるよう能力向上に努め、意識改革を急がなければならない。また、組織もヒトも長い年月の間にマンネリ化し、硬直化してくる。自ら変えようとしても難しく、容易には変えられなくなるものである。しかし、事務組織の改善、改革を行なうには、これまた絶好の機会と言える。この千載一遇のチャンスを逃さず、職員自身の変身と事務組織の改革を職員自らの手で進めなければ悔いを残すことになろう。

　大学の事務組織は、実はその多くが官僚制組織を前提に取り

入れていると言ってよいし、明治期を端緒とする現代の大学は官僚制組織を起点にすると言ってよいと思う。官僚制組織は組織設計の基礎と言われているから、ここで官僚制組織について、おさらいの意味でマックス・ウェーバーが示した特色で紹介してみよう [6]。

(1)　権限と命令権力が明確に規則により定められていること

(2)　上位・下位の体系が明確に秩序づけられていること

(3)　職務執行が文書に基づいて行われていること（文書主義）

(4)　官吏の職務遂行は専門的訓練を前提としていること

(5)　職務上の活動には官吏の全労働力が要求され兼業が禁止されていること

(6)　官吏の職務は明確で周到な規則によって遂行されること

　この 6 つの特色は私立大学の事務組織にもあてはまることが多い（なお最近は兼業禁止が解禁されている企業が増えてきていることにも注意したい）。興味深いのは (4) の「専門的訓練」であり、大学事務職員はこの専門的訓練を受けて来なかったという観点も必要である。また、官僚制組織には限界があると言われていて、それは組織の硬直化、ルールの盲信、内向きになる傾向、文書主義などである。例えば文書主義に固執し過ぎると、すべからく文書を求める「なんでも文書主義」に陥ってしまうのはその一例である。近年は外部環境の変化から、柔軟な処理を求められることがしばしばであり、官僚制組織がマイナス（逆機能）の働きをすることがある。

その欠点を補う方法として、「学習する組織」[7]という考えについては先に触れたが、復習すると、「学習する組織」の特性は、

① ビジョンの共有
② 学習リーダー
③ 対話
④ チーム学習
⑤ ナレッジの移転
⑥ 外部との連携

が挙げられている。その対極として「学習しない組織」もある。

「学習しない組織」の特性としては、

① 共有ビジョンがない
② 上からの統制志向が強い
③ セクショナリズムが強く部分最適
④ 仕事の囲い込みが多く知識共有がない
⑤ 批判ばかりが横行し変革行動がない
⑥ 社会への関心が低く内部志向

と言われている。

「学習する組織」と「学習しない組織」を表にしてみると、

	学習する組織	学習しない組織
①	ビジョンの共有	共有ビジョンがない
②	学習リーダー	上からの統制志向が強い

③	対話	セクショナリズムが強く部分最適
④	チーム学習	仕事の囲い込みが多く知識共有がない
⑤	ナレッジの移転	批判ばかりが横行し変革行動がない
⑥	外部との連携	社会への関心が低く内部志向

　自分の勤務する大学がどちらの組織なのか比較していただければ明確になるだろし、第 6 章の「職員の風土病」の裏返しの関係にあると言えよう。この指摘は、多くの大学で自己点検せねばならない重要な視点が含まれている点にある。

　さらに、風通しの良い組織を目指し、複雑で重層的な組織を、階層の少ないフラットな組織にする方法もある。また、官僚制組織を設計の基礎としつつも、プロジェクトチームやネットワーク組織、グループ制・文鎮型組織の機動性を応用し、事務組織に「ゆとり」を持たせ柔軟な組織に制度設計し直していく方法もある。

　教員とパートナーとして職務を遂行する上では、職員も日頃からプロフェッショナル人材になる努力をしていく必要がある。教職協働の前提として、当然、教員からも信頼されるように職員も実力をつけなければならない。金メッキがすぐにはがれてしまうような上辺だけではなく、職員力を磨き、加工された情報に惑わされることなく、エビデンスを持ちながら現場主義に立つプロフェッショナル大学職員になることが、我々職員に求

められている。その具体的方法等については第 9 章にて詳述し
ていく。

　大学事務組織論から見てすべての大学に合致する処方箋はな
い。我々職員に求められているのは、理論と実践の融合をはか
りながら、自分の所属している大学に事務組織の「妥当解」を
出せるかどうかにかかっていると言えよう。

脚注一覧

1) 榊原清則『経営学入門［上］』（日本経済新聞社・日経文庫、2002 年）pp. 145-148。

2) 大学行政管理学会第 11 回研究集会・大学事務組織研究会の発表資料によると、IRO (Institutional Research Office) とは「教育・研究を含む大学経営全般において、さまざまな情報収集・分析や、それらに基づいた企画・立案を行い、理事長をはじめとする経営層を支援する組織。アメリカの大学に多く見られ、主に、大学内部のデータの一元管理、戦略計画の策定、大学評価機関への報告書、自己評価書の作成などを仕事としている」とある（2007 年 9 月 9 日、於、福岡大学）。

3) 大槻・高橋編『経営組織』学文社（2003 年）pp. 126-129。

4) 孫福弘「経営革新をサポートする職員組織の確立を」『Between』205 号（2004 年 6 月）p.13。

5) R.Likert, *New Patterns of Management*, New York.McGraw-Hill, 1961.（三隅二不二監訳『経営の行動科学—新しいマネジメントの探求』ダイヤモンド社、1965 年、p. 152 より）。この他、林伸二『大学改造』（大学教育出版、2005 年）pp. 137-138。

6) Max.Weber（マックス・ウェーバー）『官僚制』（恒星社厚生閣、阿閉吉男・脇圭平訳、1987 年）pp. 7-10、87。この他、桑田耕太郎・田尾雅夫『組織論』（有斐閣アルマ、1998 年）

pp. 144-145。

7）根本孝『経営組織―組織デザインと組織変革―』（学文社・松崎和久編マネジメント基本全集、2006 年）pp. 162-168。

参考文献

・榊原清則『経営学入門［上］・［下］』（日本経済新聞社・日経文庫、2002 年）

・孫福弘「経営革新をサポートする職員組織の確立を」『Between』205 号（2004 年 6 月）

・R.Likert, *New Patterns of Management*, New York.McGraw-Hill, 1961.（三隅二不二監訳『経営の行動科学―新しいマネジメントの探求』ダイヤモンド社、1965 年）

・林伸二『大学改造』（大学教育出版、2005 年）

・Max.Weber（マックス・ウェーバー）『官僚制』（恒星社厚生閣、阿閉吉男・脇圭平訳、1987 年）

・桑田耕太郎・田尾雅夫『組織論』（有斐閣アルマ、1998 年）

・松崎和久編著・根本孝『経営組織―組織デザインと組織変革―』（学文社・マネジメント基本全集、2006 年）

・山口周『劣化するオッサン社会の処方箋』（光文社新書、2018 年）

第9章 プロフェッショナル大学職員への
道しるべ

　ここまで、大学とはそもそも何なのか、大学事務組織の現実と課題、本当に必要な大学職員とは何かについて概観してきた。その中では、なかなか変われない大学組織と事務職員の実相、どうすれば変えていけるのかを、総務事務や人事事務の具体的事例を中心に紹介してみた。本章ではこれらを踏まえつつ、「プロフェッショナル大学職員」を中心に据えて述べてみたい。

　まず、「職員は必須なのか、否か」について、触れておこう。職員は必須なのか、否かについては、やはり職員「不要論」ではなく必須であって、教員からも学生からも、必須だと認められる存在にならなければなるまい。そのための実力をつけて、「その職員に聞けば大丈夫。任せておけば安心」という教員や学生との信頼関係の醸成が急がれる。

　教員と対等に話のできる職員がいないと、これからの大学は上手く動けない。孫福氏や河原崎氏の言うような教員との信頼関係を築けるか、職員の勉強・努力の必要性と、反対から見た場合、教員や大学のトップや役員クラスの懐の深さも必要になってくる（どうやらここに2022年に改正された大学設置基準第

11 条の「教職協働」に、教員と学長クラスが入ってくる意味が
あると筆者は捉えている）。

9.1.　改革への道すじと困難さの克服

　「空白の 30 年」を経たのち、好景気とは言えない中の物価上
昇と日本経済の低迷・中間層の減少と格差社会の顕在化、コロ
ナウイルス感染症の変異、地球温暖化に伴う異常気象と自然災
害、ロシアや北朝鮮の暴挙、サプライチェーンの国際展開とグ
ローバル経済の脆弱さ等、不安定要因は枚挙にいとまがない。

　中間層の減縮と格差社会の代表例として、日本では非正規雇
用やシングルマザー等、親の収入が子どもの進学機会を狭めて
しまう負の連鎖を避けなければならないことは、先に述べたと
おりである。

　やはりここでは教育の力を活用し、大学としても、主体的に、
かつ、自発的に未来に向け貢献する必要があるのではないだろ
うか。

　しかし、大学の場合は上記の不安定要因のほかに、18 歳学齢
人口の減少と入学者の確保問題もある。入学定員を確保して、
基本金組入前当年度収支差額をプラスにしない限りジリ貧にな
ることは既述したとおりである。この簡単なことを理解してい
ない教職員は意外と多い。

　この状況を避けるために、教員と学生・職員が一緒になり改
善に努めて成功している戸板女子短期大学の実例や、文部科学

教育通信で連載されている岩田雅明氏の新島学園短期大学の成功例もある。

　短大の例とは関係はないけれども、変わった視点として「改革がはっきり見えて、自己肯定感の低かった学生をなんとか力のある人材にしてくれる大学への高校からの高評価」も別面にはあるようだ。

　改革に取り組めた大学・短大は生き残れるが、前例踏襲型の大学・短大は厳しい局面に置かれることになるだろう。

　若者がキャンパスの中心にいて、高等教育を受けられる最良の環境にあるのだから、人口減少はよいことだとポジティブに捉えていきたいと筆者は考えている。

　大学の現状がどうなっているか、特に財政状況の厳しさを分かりやすく説明するのは事務職員の仕事と言わなければならない。それもエビデンスに基づく分かりやすい資料の提供と説明が要求されている。そこに、プロフェッショナル大学職員の誕生素地が生まれてくることになる。（もちろん、これは大学職員に限ったことではなく、職業人全般に言える普遍の方法ではあるのだが）

9.2.　プロフェッショナル大学職員と
　　　アドミニストレーターの相違

　それでは、プロフェッショナル大学職員と、大学アドミニストレーターとはどう違うのか。

私は、アドミニストレーターの文意は、プロフェッショナル職員になろうする意欲・意識・向上心であって、同じであっても一向に構わないと考えている。この点については、異論はあるかもしれないが、ご意見をいただければと思う【村上義紀氏は、「アドミニストレーター」として、米国を参考に採用権限まで付与されているディレクター（事業の部門長）をアドミニストレーターと想定している】。

　その相違よりも私は、ジョブ型雇用か日本型雇用かを考えたほうが有意義だと思う。ジョブ型雇用に大学職員だけがなるわけではないし、日本社会全般の課題かとも思う。AI、RPA、DXの時代が進行し日本全体でいずれはジョブ型雇用になるかもしれない。

　その場合、「大学職員」というジョブ型を誕生させることは可能なのか。他の大学への転籍も進む可能性もあるだろう。新型コロナ危機はジョブ型雇用の到来を早めているだろう。実際に、各大学は時間がかかると思われていたオンライン授業を早めた経緯がある。

　大学の経営危機から固定費の人件費を削減し、任期制や契約職員、業務委託・アウトソーシング・BPOを早める要素も強くなってくる。一般事務職の代替可能性は非常に高く、いずれは文鎮型の管理職スタイルになることも予想される。

　AIやMOOCs・コーセラの発展もあり得るし、ミネルバ大学は中世の大学のように基本、キャンパスがない。大学には財政

状況の悪化とともに、近未来の AI、RPA、DX の時代が押し寄せてきている。そうなると、当然一般事務職は原則、要らない存在になるので、早めにプロフェッショナル大学職員になっておくことをお勧めしたいと思う。気が付いたら解雇されていた、とならないうち、最近の言葉だと「リスキリング（新しい環境に対応するため新たなスキルアップ）」を行うとか、既述したエンプロイアビリティ（雇用され得る能力）を上げておく必要性が出てくる。既に先進的な企業ではリスキリングへの取組みや非ジョブ型雇用からの脱却を目指し、新しい人事施策を導入し始めている。大学の事務職員の場合、「職員の風土病」のせいか、多くは「リスキリング」への取組や「エンプロイアビリティ」の獲得に今までは消極的ではなかったろうか。「求められる大学職員像」を目指してできることから、今すぐにでも一歩ずつ着実に実施していくことが急がれている。

9.3.　「変わらない人類」と変えるための試み

　縦糸と横糸の考え方は第1章でも述べたが、口伝を紙に残し出した歴史から見ても 3500 年〜5000 年、この間、人類はやっていることはほとんど変わらないのではないかと筆者には思えてならない。

　既述の第2章でラシュドールは、大学の歴史はおよそ800年、中世の大学と、近現代の大学は、学生の気質は多くは変わらないと述べていた。

科学技術は進歩してきたものの、疫病・飢餓・貧困・戦乱・格差は未だに撲滅できていない。人類の歴史から眺めてみると、おそらく完全に撲滅することは出来ないのではなかろうか。好例がウイルスと抗生物質のイタチごっこの関係でもある。

　筆者はだからといって、何も手を打たなくてよい、ということではなく、SDGs や地球温暖化問題を念頭におきながらも、今ならまだ間に合うと思っている。ただし残された時間は少ない。気が付いたら間に合わなかったということは避けたいものである。今やるのか、やらないのか、各人に任されている。

　待ったなしの大学において、職員も、学長・執行部・教員・技術職員も大学設置基準の改正を待つまでもなく、「学習する組織」へ変貌しなければなるまい。

　第2章で触れたニューマンやミルや福澤が言わんとしている「自分が生まれてきたときよりも少しは良い時代にしていきたい」という考え方を選ぶことができる。その意味でも大学教育の役目は重くて大きい。

　この点は、大学職員の視点でも同じであって、いや、大学に勤めている職員だからこそ、教員や学生と一緒になって、これからの大学つくりに邁進したいものである。上からの命令、教員からの指示で動く「職員の風土病」に冒されることなく、学生の身近にいる職員の立場で、学生目線を忘れずに「学位の国際的通用性」を意識しながら、発展的で創造的な大学、より良い世界の実現に寄与していく視座が必要である。憲法上、学問

の自由・表現の自由が保障されている日本の大学だからこそ、語学のハンディキャップはあるものの受発信できるのではないだろうか。

　今後の参考になるのは、大学職員としてすぐにできることとして、「3.5％ルールの中」に入ることではないだろうか。

　これは、ハーバード大学エリカ・チェノウェスさんの言う「3.5％ルール」であり、斎藤幸平氏の「人新世の『資本論』集英社新書、2020 年、p.362」に紹介されている。それによると、「3.5％の人々が非暴力的な方法で立ち上がると社会が大きく変わる」という捉え方である。社会を大学に置き換えて、所属する大学の教職員の 3.5％ に入るように努めてみてはどうだろうか。教職員が 100 人だとすると 3〜4 名ということになる。それでは 3.5％に入るために大学の事務職員はなにをすべきか次に考えてみたい。

9. 4.　「7 つのアイデア」と「7 つのヒント」とは?

　どうしたら、比較的容易に「3.5％ルール」に入ることができるのか、次に 7 つのアイデアと 7 つのヒントを述べてみよう。

【7 つのアイデア】

　文部科学教育通信 (№484　2020.5.25) に以前、著者なりに 7 つのアイディア【() 内はその理由】を提案した。それは、

① 多様性を歓迎し、発想を変える（多様性の重視は時代の
　要請だから当然の考え方と言えよう）。

② 当然と思っていることを疑ってみる（全てのものごとの
　出発点であり到達点でもある）。

③ 「内から外」へのシフトチェンジ。縦糸と横糸の視点（「歴
　史と世界」の視点・視座の大切さを示す）。

④ 卓越したバランス感覚を磨く（プラトン「パイドロスの
　二頭立ての馬車と有翼の御者」では、気概（美しい馬）
　と欲望（醜い馬）を知性（有翼の御者）が操っていると
　されている）。

⑤ 組織の問題を「自分事化」する（自己を抑制しつつ孫福
　氏の言うところの「自己の解放と客体化」と関連してく
　る）。

⑥ 組織は簡単には変われない。せめて自分にできる事から
　進めていく（①から⑤を前提にして「サーバントリーダ
　ーシップ」（コラム）の素養が必要となってくる）。

⑦ 実施後、しばらくしたら必ず検証する（組織の硬直化を
　防ぎ経路依存性から脱皮するための特効薬と言える）。

であった。

　次に、この7つのアイデアを具体的に展開していくヒントも
出しておこう。

【7 つのヒント】

(1) 前例墨守の見直し〜前例墨守はある意味で楽。しかし仕事をしながら常に考えつつ、無駄を省いていく癖をつけておかないと先に進めない。

(2) クリティカルシンキング（村上雅人著「不確実性の時代を元気に生きる」海鳴社（2021 年）pp. 29-47、同「大学をいかに経営するか」［ウニベルシタス研究所叢書］飛翔舎（2023 年）pp. 68-70 参照）を活用し、「事実」と「意見」の違いの峻別をしていくことの自覚が必要になる。

(3) 多様性（ジェンダー平等、外国籍の人物の重用）を大切にし、「若者・よそ者・ばか者」の発想を重視➡同質性の組織からは新しい発想は生まれない。

(4) オッサン（中高年男性のことではない）からの権限移譲と、組織リーダーが IT に無理解な点を除去すること➡「いるか族」からの脱出（後掲［注：野口氏の朝日新聞論拠］を参照）。

(5) 地方創成（現場発）、エネルギー・食糧自給率の上昇、サプライチェーンのほころび解消、大学発の情報発信と産官学連携。

(6) 中央と地方の仕組みの不整合が顕在化、日本の各組織体の閉鎖性、無責任体質からの脱却、組織リーダーのレガシィと勉強不足（後掲［注：野口氏の朝日新聞論拠］を参照）。

(7)　DX、AI の活用〜ソロバン・電卓・PC の流れを考える
　　と、時代の趨勢になるだろうから、苦手意識から脱却し、
　　新しいことに挑戦していく姿勢。

［注］➡野口悠紀雄氏［朝日新聞夕刊 2021.7.3「いま聞く」］
から抜粋してみると、
・日本はレガシー（遺産）の力が強すぎ、これを改革してい
　くのは非常に難しい。
・在宅勤務がなかなか拡がらない、印鑑を押すだけに出勤、
　働き方改革に転換しにくい（ただし、最近では企業のテレ
　ワークが相当数普及してきていると言ってよいと思う）。
・日本の労働生産性は 37 か国中、20 位と低い、主要 7 か国
　中では最下位（OECD 調査）➡ 既述。日本の立ち位置を再
　認識のこと。
・在宅勤務と「イルカ族」〜パソコンの前にいるかどうか確
　認する管理職（そこに部下が居るという安心感➡成果を上
　げたか否かの評価方法の変化へ）。
・評価方法の変化はリーダー次第か。
・組織リーダーが IT に無理解な点。
・中央と地方の仕組みの不整合、日本企業の閉鎖性、組織リ
　ーダーの勉強不足に帰結か。

　上に掲げた 7 つのアイデアと 7 つのヒントをベースに、第 1
章で触れた「周期説」からしても、もうここはガラガラポンし

かない時期にきていると言ってよいと思う。それができるか否か、というより、やっていくしか新たな道は拓けないのではなかろうか。言葉で言うのは簡単なことだが、7つのアイデアと7つのヒントを実際に活用し改善していくことは容易なことではない。迷ったり、上手くいかなかったときの道しるべとして述べてみた。

　実は「7つのアイデア」の6番目に「サーバントリーダーシップ」について触れた。リーダーシップについては、色々な捉え方があるものの、「連結ピンモデル」のトップ・ミドル・ボトムの、あらゆる階層に居る場合でも、サーバントリーダーの心得が必要だと考えている（コラム参照）。このことは、「ミドルアップダウン」のミドル層にあるときでも求められる属性と言ってよかろう。教職協働を具体的に実施していくときにも、必要なアイテムと言ってよい。

コラム➡サーバントリーダーシップとは？

　「オッサン社会」や「イルカ族」に代表されるように、あまりにもレガシィが強固な場合、リーダーシップを上層部に求めていくことは不可能に近いのではなかろうか。そこで登場するのは「サーバントリーダーシップ」という考え方である（「サーバント」というコトバに抵抗があるかもしれない。しかし第2章「2.9.」で触れた1245年パリ大学の教養部規約にある「学徒の共通の侍者」、1386年ハイデルベルク大学の設立勅許書の「召

使いたち」を思い起こしてみよう)。

　「サーバントリーダーシップ」はロバート・K・グリーンリーフが「同書」の中で、ヘルマン・ヘッセの『東方巡礼』に登場してくる、旅の中の召使い（サーバント）である「レーオ」が実は一行のリーダーだったと紹介している。サーバントなら、リーダーでもフォロワーでもどちらでもよく、常に探求し、耳を傾け、新時代のより良い変化の誕生を待ち受ける、誠実で道徳的な人々としている【ロバート・K・グリーンリーフ「サーバントリーダーシップ」金井壽宏監訳・金井真弓訳、英治出版（2008 年）pp. 44-47】。詳細はここでは避けるが、グリーンリーフ財団前所長のスピアーズによるサーバントリーダーの属性としては、⑴傾聴⑵共感⑶癒し⑷気づき⑸説得⑹概念化⑺先見力・予見力⑻執事役⑼人々の成長に関わる⑽コミュニティづくり、の力が要求されると説明されている【前掲同書 pp 571-573、前掲「大学事務組織の 始動書」pp. 211-218 でも紹介されている】。

参考文献

・ロバート・K・グリーンリーフ「サーバントリーダーシップ」
金井壽宏監訳・金井真弓訳、英治出版（2008 年）

・斎藤幸平著「人新世の『資本論』」集英社新書（2020 年）

・村上雅人著「不確実性の時代を元気に生きる」海鳴社（2021
年）

・同「大学をいかに経営するか」［ウニベルシタス研究所叢書］
飛翔舎（2023 年）

おわりに

　コロナ感染症等により定員確保で危険なレベルに達している大学が多くなってきている。純資産が無くなった段階で私立大学は終わりになる。

　一方で、新型コロナウイルス危機によって、今まで出来なかったオンライン授業を急ごしらえの中、多くの大学で実施してきた。やろうと思えばできることが実証されてきた。しかし、オンライン授業料返還訴訟が提起されたように、その課題を、事務職員として真摯に向き合い検証する必要もあるようだ。授業料等に見合うだけの内容やサービスを学生に提供出来ているか、学位の国際的通用性は達しているか、科目別授業料の展開は可能なのか、学生の問題だからと等閑視出来ない問題をはらんでいる。

　果たして事務職員はプロフェッショナルになっているのか、アドミニストレーターになっているのだろうか、という自問自答が以前からあった。

　自省と自戒の意を込めて敢えて言うならば、勉強を継続していかないと、プロフェッショナル人材に簡単にはなれないと思う。

おわりに

　やっと、教員側からも職員を育てるべきでは、という声が聞こえるようになってきた。今こそ、事務職員としてサーバントリーダーシップを体現しながら学習していこう。継続して勉強していくことは並大抵のことではできない。「少しでも良くしていこう」と考えつつ、組織を変えていく　3.5％ルールの中に入ろう。本書を勉強のための入口のきっかけにしていただければ幸いである。

執筆にあたり大幅に加筆したものの、初出については、以下のとおりである。

　第 2 章　大学行政管理学会・学会誌第 20 号「大学の誕生と職員のルーツ－中世ヨーロッパ大学の始まりとビデルー」(2016年)

　第 5 章　日本私立大学連盟編「私立大学マネジメント」所収『大学運営の基盤整備』(2009年)、大学行政管理学会・学会誌第 10 号「大学事務組織の研究－序説・その必要性」(2006年)、大学事務組織研究会編「大学事務組織研究　創刊号」再掲(2009年)、IDE　現代の高等教育　№.523「プロとしての大学職員『大学の事務組織と職員』」(2010年)

　第 6 章　IDE 現代の高等教育　№.569「大学職員像を問う『大学職員とこれからの人事部門』」(2015年)

　第 7 章　大学行政管理学会・「大学人事」研究グループ編「大学人事研究 I 所収『求められる大学職員像の模索』」(2004年)

　第 8 章 (8.2.〜8.5.)　日本私立大学連盟編「私立大学マネジメント」所収『大学運営の基盤整備』(2009年)

謝　辞

　本稿をまとめるにあたり、吉川倫子様（芝浦工業大学）・高橋剛様（慶應義塾大学）・飯塚和一郎様・大嶽龍一様・栗林健太様（いずれも日本大学）には貴重な意見をいただきました。

　また、大学行政管理学会と、同学会「大学人事・事務組織研究グループ」の皆様、そして、全てのお名前をお示しできないことご寛恕の上、いままでご指導・ご厚誼いただいた全ての皆様に感謝いたします。

　ここに謝意を表します。

著者紹介

大工原　孝

ウニベルシタス研究所　所長

1978 年　日本大学大学院法学研究科修了

同年　日本大学奉職、学部事務局、本部総務課、総合学術情報センター開設準備室、秘書・人事課長、芸術学部事務長、総務・学務・人事部次長を経て、総務部長・研究推進部長等を歴任し、2011 年　学校法人日本大学理事（2014 年まで）、2019 年 2 月　日本大学を退職。

2019 年 5 月からウニベルシタス研究所を主宰、現在に至る。

この間、大学外では、

日本私立大学連盟　調査委員会委員、

大学基準協会　大学評価委員会・評価分科委員会委員

文部科学省委託　『教職協働』先進的事例調査協力者委員会委員

大学行政管理学会　会長

等を歴任。

現在、学校法人恵泉女学園（内部監査室主査）、他学校法人より外部評価委員・FD/SD 研修講演等を研究所として請負。

ウニベルシタス研究所叢書

プロフェッショナル職員への道しるべ

―事務組織・人事・総務からみえる大学の現在・過去・未来―

2023 年 5 月 11 日　第 1 刷　発行
2023 年 6 月 30 日　第 2 刷　発行

発行所：合同会社飛翔舎 https://www.hishosha.com
　　　　住所：東京都杉並区荻窪三丁目 16 番 16 号
　　　　電話：03-5930-7211　FAX：03-6240-1457
　　　　E-mail: info@hishosha.com

編集協力：小林信雄、吉本由紀子
組版：小林忍
印刷製本：株式会社シナノパブリッシングプレス

©2023 printed in Japan
ISBN:978-4-910879-05-5　C1037